清风徐来

来自"徐老师"的心理辅导案例集

杜 俭 / 主编

上海社会科学院出版社

《清风徐来》编委会

主　编：杜　俭
副主编：杜红梅　　陈瑾瑜　　马晓燕
委　员：包遵锋　　冯丹莲　　葛　瑶　　胡　霞
　　　　蒋　斐　　蒋燕云　　黎志辉　　李　荆
　　　　欧阳海竑　强丽君　　施　敏　　汤承红
　　　　徐仙华　　杨　蕾　　杨丽霞　　叶玮琳
　　　　张建英　　赵　倩

序

个别辅导是学校心理服务基本任务之一。学生的心理问题有共性的一面,但更多的则表现为个性化的一面。因为每个学生都有可能在学习、交往和社会适应过程中遇到困扰,需要得到帮助。面向全体学生的心理教育和针对个别学生的个别辅导,是学校心理辅导不可或缺的两个方面。相比之下,个别辅导所需要的专业知识和技能要求更高,它是衡量心理辅导老师专业水平高低的重要标志。因此,个别辅导的理论、方法和技能。应该是每一位从事学校心理辅导工作的教师必须要掌握的。

要做好个别心理辅导,必须要注意以下几点:

1. 与来访者建立良好的咨访关系

建立良好的辅导关系(咨访关系)是基础,心理辅导教师能否与来访学生建立信任、安全的关系,是咨询能否取得成效的关键,只有建立了这样良好的关系,来访者才会倾诉心里的烦恼。在学校里往往被动的来访学生居多,特别是在小学和初中。有些孩子是被班主任带进辅导室的,自己不愿意来就会有阻抗。有位四年级的小男孩因为经常打架被班主任带进了辅导室,心理老师第一次辅导不是问他为什么打架,而是问他喜欢做什么游戏,小男孩说喜欢画画,于是自然而然从房树人的绘画作品中心理辅导老师与孩子进行了交流沟通,来访者的防御心理被打破了,关系变得融洽起来。

2. 对当事人情况要了解清楚,切忌先入为主

辅导老师在接受个案的时候,首先是要了解当事人的有关情况,不要急于做出判断,切忌先入为主。这要求心理辅导老师克服一定的思维定势,学会倾听和共情。有位高中女孩第一次到心理辅导室来向心理老师求助考试焦虑,但随着咨询的逐步推进,发现困扰这个女孩最大的问题是对班主任老师的"牛犊恋"而引起的内心冲突与焦虑。

我们面临的个案往往有许多问题,在这些众多的问题中,有些是表面问题,有些是深层问题,只有对来访者情况的全面和深入的了解,才能够透过表面现象发现深层问题。

3. 充分开发来访者自身积极的资源

每个人的内心深处都有一股积极向上的力量,辅导的目的就在于唤醒和开发当事人内在的积极力量。罗杰斯曾经说过:"我的经验告诉我:人具有一个基本上的积极的方向。从我的治疗中,从和我有最深刻接触的受辅者,包括那些带来最多困扰的人,那些行为最反社会的人,那些具有最不正常感觉的人在内,我发现上述的信念都很正确……在他们之中(就如同在我们每一个人之中一样)的一些最深层次里,也潜伏着极其积极的方向。"(Rorgers,1961)因此,我们对每个学生要有积极的信念。童年是生命旅程的开始,而不是比赛的终点。我们要相信每个孩子内心蕴藏着积极的资源,相信每个孩子是可以变化发展的,

相信每个孩子有各自的特长和才能。教师只有基于这样的信念，才会在教育和辅导中，对学生充满爱心和热情，充满积极的期待，才能成功地帮助学生成长。

4. 建立积极的社会支持系统

家庭、学校和同辈群体是学生成长的社会支持系统。学生不是生活在真空里，他们的思想、观念、情感和行为方式都要受到周围人群和环境的影响。有时问题表现在学生身上，但根由在学校、教师或者家长身上。社会支持系统良好与否，教师和家长的心理、行为健康与否，将直接影响学生心理、行为的健康。本书的许多案例表明，学生的心理和行为问题与家庭环境不利密切有关，因此，开展家庭辅导，以建立积极的社会支持系统，也常常成为干预方案的一个组成部分。

5. 学生心理问题是高度异质性和个别化，心理辅导教师学习别人的个案经验，不能照搬照套，而要取其精华，结合自己的能力和个案的特点进行咨询服务，"一把钥匙开一把锁"。

6. 个别辅导专业性强，辅导效果具有两面性，方法得当可以解决来访者心理困惑，方法不当也可能加重别人的心理问题，因此加强个案督导是非常重要的一项专业支持工作。

这本《清风徐来》是上海市徐汇区未成年人心理健康教育指导中心组织区骨干心理老师编写的案例集，这本集子反映了近年来这支队伍的个别辅导成果，其中围绕中小学生成长中的困惑，包括学校适应、情绪烦恼、同伴交往、亲子关系和心理危机预防和干预等。这些案例有许多值得大家学习参考的地方，也有不少有待改进提高的地方，反映了我们这支学校心理辅导老师队伍在专业化的道路上逐步成长。

这些年我对学校心理辅导老师案例督导中,发现目前心理辅导老师最为缺乏的不是技术,而是对学生的深入理解。辅导技术本身是中性的,或者是两面性的。没有对来访者的深入细致的沟通与分析,盲目的、教条的使用技术恰恰是没有治疗意义的。例如,使用挑战技术,应该注意来访者的个性特征,有的学生容易受暗示,有的学生个性强,同样的挑战前者容易接受,而后者未必接受,甚至会对咨询师产生阻抗。可见,个别辅导是一项科学性、艺术性都很强的工作,它需要心理辅导老师具有相当的专业理论、方法和技术,需要高度的爱心、耐心和信心,需要对人的心灵的洞察力与亲和力,需要不断反思和调整的能力;它不是高不可攀的,而是需要付出艰辛和努力来达到的;它在帮助学生成长的同时,也在丰富我们自身的情感世界和人生经验,也在使我们的生命得到升华。

吴增强

2021 年 11 月

前　言

　　心理健康是青少年幸福生活的奠基石,随着教育改革的深入和推进,关注青少年心理健康已经成为衡量教育质量的重要标准。早在2010年,上海市徐汇区教育局就联合文明办开展了调研,发现89%的学生对心理咨询辅导提出了一定的需求,2011年在区级层面建立了辅导中心,为全区未成年人提供心理健康服务,更好地满足学生和家长的需求。

　　徐汇区未成年人心理健康辅导中心组织志愿者"徐老师"将历年来的心理辅导精彩案例撰写成集,出版《清风徐来:来自"徐老师"的心理辅导案例集》。"清风"是指中心化作和煦清风,萦绕着全区未成年人及其家长,为他们提供大量的心理咨询及辅导等服务,守护孩子成长的天空,切实帮助他们解决心理困扰。"徐来"一方面是指中心心理辅导工作的延续性,自中心建立以来,不断优化服务模式,提高服务效能,2016年教育局增加投入,着力打造"互联网+"心理健康教育体系,提供24小时服务热线,汇心公众号一键预约等服务,目前每年面询和电话咨询服务近3 000人次;另一方面则是指中心志愿者队伍——"徐老师",为了更好地提高志愿者的专业素养,中心每月定期精心举办专业培训活动,充分利用各类合作共建的资源,邀请心理教育方面的专家介绍国内外先进理念和技术,力求使"徐老师"的工作既贴近实际,又紧跟时代发展。

《清风徐来》中的案例囊括了学校适应、情绪烦恼、亲子关系和心理危机预防和干预等中小学生成长中的心理各种困惑的辅导,既是徐汇区未成年人心理健康辅导中心咨询辅导服务的总结,也是"徐老师"志愿者队伍专业素养的一次展示,相信对广大学校心理健康辅导工作者有一定的参考借鉴作用。值得一提的,案例集还特地邀请吴增强教授及其心理健康教育名师工作室学员,为志愿者案例撰写督导意见,给到专业的建议,帮助志愿者进一步提升服务效能。

我们通过《清风徐来》回顾过去的同时,也展望徐汇区未成年人心理辅导中心未来的发展,期待徐汇区未成年人心理健康铸就新的篇章。

上海市徐汇区教育局
2021 年 10 月

目　录

序 ·················· 吴增强 / I
前言 ·················· 上海市徐汇区教育局 / I

亲子关系篇

妈妈，我要爱的抱抱 ·················· 蒋燕云 / 001
凭什么爸妈总说他比我好？ ·················· 张建英 / 011

情绪烦恼篇

"肚子疼"的男孩 ·················· 施　敏 / 022
爱发脾气的小女孩 ·················· 黎志辉 / 033
考前，他成了"坏"孩子 ·················· 李　荆 / 046
她再也不乱发脾气了 ·················· 汤承红 / 053
我和蜜蜂的故事 ·················· 葛　瑶 / 063
无与"伦"比 ·················· 施　敏 / 072

同伴交往篇

动手打跑的友谊 ·················· 冯丹莲 / 084

我也可以这样的灿烂 ·············· 徐仙华 / 096

危机与丧失篇

多次离家出走的男孩 ·············· 汤承红 / 107
剪不断理还乱的网络情缘 ·············· 包遵锋 / 116
再见,妈妈! ·············· 施 敏 / 126

学校适应篇

脑中有只小闹钟 ·············· 杨丽霞 / 136
频繁上厕所的小女孩 ·············· 黎志辉 / 148
她为什么不想上学? ·············· 欧阳海兹 / 158
我和老师的关系变好点了 ·············· 胡 霞 / 168
想要轰炸学校的小男孩 ·············· 张建英 / 178
原来我和世界都是多彩的 ·············· 蒋 斐 / 189

医教结合篇

和"坏习惯"说 Byebye ·············· 叶玮琳 / 200
我能学得更多 ·············· 葛 瑶 / 211

自我意识篇

"我"到底是怎么了 ·············· 赵 倩 / 220
迟到竟是自卑惹的祸 ·············· 强丽君 / 228
绽放笑容,可爱的女孩 ·············· 杨 蕾 / 238

亲子关系篇

妈妈,我要爱的抱抱

蒋燕云

从事学校心理健康教育工作多年,擅长通过沙盘游戏进行心理咨询,擅于运用共情、同理心等技术。

每个妈妈都爱自己的孩子,而每个孩子都渴望得到妈妈的爱和拥抱,那是最幸福的港湾。本案例中的来访者小王子和他的妈妈,虽然也是一对母子,可是两人的亲子关系并不和谐。妈妈每次看到这个儿子,脸上充满了惆怅,难道她不爱自己的孩子吗?

"妈妈,我想抱抱"

来访者小王子是一个二年级的学生,他的一年级是在本区一所知名的民办小学就读,从2017年9月开始,转学进入我校就读二年级。8月末,还没正式开学的一天,校长突然找我,跟我说:"这学期,二(1)班转进来一个男孩子,家长说他厌学比较厉害,你平时多关注一下他,跟班主任和其他任课老师也沟通一下,语言方面多以鼓励为主。"因为我是学校的心理老师,同时,也正好是二(1)班的数学老师,所以,校长特别通知了我。

可是,开学一个月内,小王子并没有出现明显的厌学行为,最多只是各科作业完成很拖拉,经过老师催催、家长盯盯,过一两天,拖拉的作业也都能补出来。一直到了10月,小王子的行为出现了很大的问题,比如上课跑出座位,随意走到其他同学身边讲话,有时甚至会在课堂上大喊大叫,躺在讲台上,每次老师把他叫到一旁,问他这样做的原因,他总是狠狠地看着老师,双手握拳、高举并大声说"我要反抗"。因为小王子的行为已经严重影响老师们的课堂教学,所以他开始经常只上半天课,还有半天由他妈妈来学校接他回家。

小王子一看到妈妈,就会变成一个幼儿园小朋友的样子,跑过去用双手紧紧抱住妈妈,头靠在妈妈的身上,好像在说:"妈妈,我知道错了,原谅我好吗?"但是,妈妈的表情永远都很凝重,肢体也不会做出任何积极的回应,有时还会把他一把推开,让他在一旁站好。我和他妈妈一共单独聊过两次,大致了解到以下情况:

小王子是家中的独子,父母都是人才引进到上海的,母亲是一所高职学校的老师,父亲平日里工作很忙,家里基本就是孩子和妈妈在家。因为母亲学校里大多数学生的行为问题比较严重,思想很负面,所以她特别担心小王子也会成为那样的孩子,因此很注重管教小王子的行为问题。幼儿园的时候,小王子在学校一直都很正常,但自从上了小学,问题接踵而至,最开始的问题是写字,一直都写不好,经常被老师点名批评,所以父母在家开始严格督促他练字,可不管怎样练,他的写字进步都不明显。后来,为了让他好好练字,父母开始采用打骂的方式,有时甚至将他打得半身青紫。从那时起,小王子和父母的关系变得越来越紧张,学校老师也反映,他在学校开始出现大喊大叫、上课捣蛋等现象,最后全校"成名"。父母也因为写字的问题,带他去医院做过检查,发现他的手指发育的确存在一些问题,导致他写字没法写得像要求一样好。父母觉得,是学校的学业压力导致孩子对学习失去兴趣,产生厌学,所以,他们想让小王子到公立学校来,减轻他的学业压力。

至于小王子的性格,母亲说他是一个"很固执的人",他曾经因为吃饭问题和母亲怄气不吃,直到饿出胃病。而母亲对这个儿子的态度,可以用绝望来形容。小王子的母亲曾在我面前哭诉:"我怎么生了这么个东西出来!"为了让小王子能够安静地坐下来写作业,他的母亲想过无数种方法,比如让他不停地做深蹲,消耗体力,或者从学校一路跑步回家等。刚开始的效果不错,能达到他母亲的预期效果,可是没过多久,方法就不起效了。

因为第一次接触这种很特殊的孩子,没有类似咨询的经验,所以特地咨询了中心资深志愿者苗蓬老师,苗老师带领我一起跟踪这个案例,进行心理咨询。

"老师,我哪里错了!?"

第一次正式接访小王子妈妈的心理咨询,是因为小王子上课又捣蛋了,班主任把他带到心理室,正在咨询的时候,他妈妈来接他了,她似乎想和我们交流什么,所以,我们约定下午和她进行交流。

与其说交流,其实,就是对他妈妈的一次心理咨询,因为她看起来非常疲惫和惆怅,头发蓬乱,衣着过分朴素,根本不像一个小学生的妈妈。下午,小王子的妈妈很准时地出现在心理室,坐下来后,我们先进行了简单的介绍和问好,接着,她开始讲述孩子的成长历程以及家庭情况。当说到孩子行为问题时,她显得十分激动,有时甚至会咬牙切齿。

根据小王子妈妈的描述,她经常会用命令式的口气和小王子说话,对他说这个不行、那个不对;而随着年龄的增长,小王子明显对妈妈的命令口吻产生了抵触和对立情绪,两人有时会发生激烈的争吵,甚至是肢体冲突。他妈妈很不解的是:"老师,我跟他说的,都是为了他好,为了让他养成良好的行为习惯,这难道有错吗,如果他哪里做得不对,我肯定要指出来的啊?"为了证明她的观点,她举了很多例子,比如,有一次,小王子到她单位食堂吃午饭,因为下雨地滑,她担心孩子会摔跤,又联想到一篇关于孩子摔跤筷子插进眼睛的报道,所以她命令小王子要好好走路,千万不能奔跑。但是,孩子并没有理解她的好意,还是在食堂里乱跑,后来,母子两人就在食堂发生了激烈的争吵。

讲到最后,妈妈的眼睛里含着眼泪,看得出,她觉得自己很委屈也很无奈。看到这,苗老师说:"其实,我们也知道,你也不想他现在变成这样的,这不是你的本意。你的初衷是为了让他更好。"大家都沉默了片刻,苗老师接着说:"但是,你所担心的事,都是一些发生率极低的事情,当你制止他的时候,你问过他的想法和感受吗?"妈妈保持沉默。我接着说:"其实,小王子他并没有你想得那么差,他是个很聪明的孩子,你知道他身上有哪些优点吗?"妈妈虽然继续保持沉默,但似乎在思考着什么。

咨询的最后,我们建议她,以后当看到小王子想要抱抱时,能够及时地给予他一个大大的拥抱,这是妈妈对他表示肯定的一个重要标志,她点头同意了。

爱 的 突 破

自从第一次心理咨询后,妈妈开始拥抱小王子,不再是冷冰冰地站在一旁。在之后的两次心理咨询中,妈妈的言行也有明显的改变,开始改变与孩子交流的语气和方式,不再用命令的方式说"不可以""不能""你应该……",也不再过分强调小王子的行为问题,而是用平和的语气和孩子交流。她还会及时地表扬小王子有进步的行为。

在一次心理咨询中,小王子主动提出想要改掉打游戏的毛病,当他提出这个想法的时候,妈妈的表情是既惊讶又兴奋,她立刻竖起大拇指,对小王子称赞道:"我儿子真棒!"为了更好地落实这个想法,我们4人一起讨论制定一个每周玩游戏的方案,并设计了一张行为观察表,由妈妈负责每周记录一次,主要记录小王子玩游戏的时间和行为。

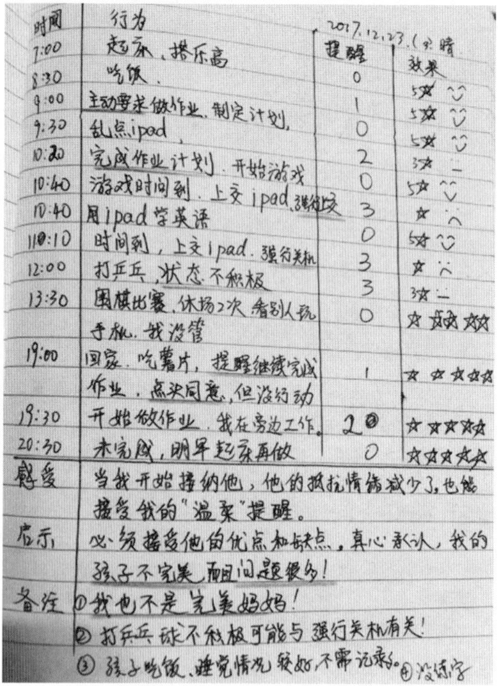

2017.12.23.(六)晴

时间	行为	提醒	效果
7:00	起床、搭乐高		
8:30	吃饭、	0	5☆ ☺
9:00	主动要求做作业、制定计划，	1	5☆ ☺
9:30	乱点ipad、	0	5☆ ☺
10:20	完成作业计划、开始游戏	2	3☆ —
10:40	游戏时间到、上交ipad、强行上交	0	5☆ ☺
10:40	用ipad学英语	3	☆ ☹
11:10	时间到，上交ipad、强行关机	0	5☆ ☺
12:00	打乒乓，状态不积极	3	☆ ☹
13:30	围棋比赛、休场2次，看别人玩手机、我没管	3	3☆ —
		0	☆☆☆☆☆
19:00	回家、吃薯片，提醒继续完成作业，点头同意，但没行动	1	☆☆☆☆☆
19:30	开始做作业，我在旁边工作。	2	☆☆☆☆☆
20:30	未完成，明早起床再做	0	☆☆☆☆☆
感受	当我开始接纳他，他的抵抗情绪减少了，也能接受我的“温柔”提醒。		
启示	必须接受他的优点和缺点，真心承认，我的孩子不完美，而且问题很多！		
备注	①我也不是完美妈妈！②打乒乓球不积极可能与强行关机有关！③孩子吃饭、睡觉情况较好，不需记录。④没练字		

图1　行为观察表

小王子在学校的行为，也开始逐渐改善，比如会积极帮助数学老师收发同学的练习册、主动补完了三门主课所欠的作业。当我问他：“在收发同学练习册的时候，你的感受是什么？”他毫不犹豫地说：“觉得很高兴，喜欢帮同学、帮老师做事情。”我继续问：“那你以后还想帮老师发练习册吗？”他很肯定地点头说：“当然会呀。”我又说：“我还知道，我们小王子主动补完了三门主课所欠的作业。”他很得意地边点头边笑。我问：“那你在家补作业的时候，心里在想什么呢？”他说道：“觉得很轻松，唐老师中午吃饭的时候，还奖励了我一个小糯米糕呢。”唐老师是小王子的语文老师。

幸福的一家

寒假开始之前,苗老师和我邀请小王子一家来心理室进行了本学期最后一次咨询,这次咨询,小王子爸爸也来了。小王子爸爸虽然平时工作很忙,但是他对小王子的教育一直很关心,他每天会利用父子俩一起洗脚的时间,给小王子读故事。我们也请爸爸评价了妈妈这学期的表现,他说:"妈妈这学期的变化很大,以前比较急躁和焦虑,但是现在好了很多,脾气也改变了很多。"听到这里,妈妈露出了非常高兴的笑容。

从爸爸对妈妈的评价可知,这个家庭中,爸爸和妈妈的关系是比较和谐的,爸爸对妈妈的进步给予了及时的肯定,而且,爸爸和孩子的亲子关系也非常好,他愿意花时间陪孩子一起看书,两人有互动的活动。小王子平日里,也会经常提起爸爸会和他一起玩游戏。

为了能让这种良好的状态继续保持下去,我们对下阶段的亲子关系,提出了建议,希望父母之间多些相互表扬和赞美。除此之外,我们针对父母也分别提出了要求,希望妈妈能有更大的包容心,给孩子更多自己的空间;希望爸爸能继续保持现状,和孩子的关系能一直随和亲切,但在孩子学习能力方面,能有积极向上的引导趋势,协助孩子在学习方面取得更好的成绩,激发孩子的学习积极性。

咨询师思考

1. 评估分析

本案例从表面上看,是小王子的行为问题,但深挖小王子出现行为问题的根源其实是他妈妈的原因。因为妈妈的专断教育方式,破坏了她和小王子健康的亲子关系,最后影响了小王子的行为表现。根据美国加利福尼亚大学鲍姆令德的教养方式理论,小王子的母亲属于专制型母亲,这类父母对孩子的要求很严厉,提出很高的行为标准,在这种方式中成长的儿童会表现出较多的焦虑、退缩等负面的情绪和行为。小王子的妈妈对他的行为就提出了很多很严厉的要求,而小王子的行为并没有因为高要求得到提高,反而行为问题更加突出。

根据以上分析,我觉得小王子的问题属于父母教养方式专制型导致的行为问题。

2. 辅导思路

对于这个案例,我对小王子和他妈妈采用了不同的辅导方法,对小王子采取了正向行为激励机制,对他妈妈采用认知辅导方法,但问题的关键在于他妈妈,所以以改变他妈妈的认知为主。具体的辅导思路:第一,良好的辅导关系。在咨询的初期,我运用同感技术,取得来访者以及来访者母亲的信任,为之后的心理咨询奠定了良好的基础。第二,确定来访者的问题和辅导目标。我先收集与小王子有关的信息,小王子的妈妈很配合,所以很快就确定了问题,再根据问题制定辅导目标,最终目标是纠正来访者的不良行为,改善来访者妈妈和来访者之间的亲子关系,形成和睦的家庭氛围。具体目标:(1)纠正来访者在课堂上大喊大叫、故意捣蛋的行为,加固良好的行为。(2)帮助来访者融入同伴集体中,帮助来访者改变任课老师、同伴对他的看法,得到任课老师、同伴的认可。(3)改善来访者和来访者妈妈之间的亲子关系,让来访者重新感受到妈妈对他的爱。第三,实施辅导策略。在辅导过程中,我们使用了同感技术、正向行为激励机制等技术,帮助小王子巩固正向行为,妈妈通过认知辅导也意识到了自己原来认知错误之处,最后小王子和妈妈的行为和认知都有改善。第四,实施行为上和心理上的跟踪,我们制定了每周一次的心理辅导计划,并且和小王子的班主任及任课老师进行及时沟通,反馈小王子的行为变化情况。

3. 启示

看着小王子和妈妈脸上的笑容越来越多,苗老师和我都觉得特别欣慰,这个案例给予我最大的启示是:健康的亲子关系对孩子身心发展很重要。案例中的小王子本是一个聪慧的孩子,只是不喜欢被条条框框所束缚,而他的母亲却喜欢用规矩制约他的行为,她的本意是希望自己的孩子能成为一个成绩优异、有规矩的、受人喜欢的孩子,可是,她越是强加要求,孩子的内心就越反抗,形成了这种不健康的亲子关系。好动、不喜欢被规矩所束缚,这些本来就是孩子的天性,父母亲不必为了过分纠结一些小细节,而剥夺了孩子自由、快乐的成长。经过咨询,母子之间的关系有了明显改善的迹象,最主要的特征是,母亲会时常主动拥抱孩子,还会及时肯定和表扬孩子的行为,脸上洋溢着幸福和笑容,而不是之前的嫌弃和讨厌。

督导点评

本案例心理老师采用的家庭辅导的方式,致力于家庭功能、家庭成员之间,特别是小王子和妈妈之间的关系改善。心理老师剖析小王子的言行,无论是表现出来的厌学行为、作业拖拉等学业问题,还是躺在讲台上干扰正常秩序的"反抗"行为,是因为无法与母亲建立正常的、良好的亲子关系,小王子在母亲那里不能感受良好亲子关系中的那种被爱、被需要、被欣赏、被接受的感受,那么小王子就缺乏与他人建立良好关系的适应基础,不善于建立良好的人际关系。心理老师认为要做出改变的首先是小王子的妈妈,面对小王子的妈妈,心理老师首先同理小王子妈妈的委屈与无奈,进一步采取启发式的谈话,让小王子的妈妈能够换位思考,试着以小王子的站位去同理小王子,并且意识到自己亲子沟通的不恰当、不理性的言行,之后的一个拥抱使得亲子间的坚冰慢慢融化,这是重新建构亲子关系的良好开端。

本案例的点睛之笔是心理老师和来访者一起讨论制定一个每周玩游戏的方案,并设计了一张行为观察表,一张观察表背后的意义深远,首先是小王子行为的具象呈现让他的行为变成看得见的符号,进而有所觉察;其次这也是亲子陪伴的好方式,妈妈是观察员,势必要站在公正的立场客观记录;同时也是亲子互动沟通的好载体,观察表在整个咨询过程是非常有价值的。

需要商榷的是心理老师的定位问题,学校的心理老师又是孩子的数学老师,多重角色身份,是有利于咨询与辅导的开展还是各有利弊。如果能够将行为观察表进行进一步梳理,找出小王子行为改善的路径,寻得行为改善的策略,就更有助于他将所习得的策略迁移到学习生活中去。

点评人:蔡素文
宝山区教育学院心理教研员、宝山区教心学科带头人

凭什么爸妈总说他比我好?

张建英

华东师范大学心理学硕士、国家二级心理咨询师、学校心理咨询师,擅长运用理性情绪疗法、萨提亚家庭疗法和沙盘游戏疗法等心理疗法帮助来访者。

"我就是气不过,凭什么爸妈总是说他比我好,我就是想让他的杯子脏一点"

一天课间,二年级班主任王老师走过来跟我说道:"张老师,我们班的小飞在大队长小凯的杯子里放了铅笔芯,还好被及时发现了,没有喝掉哦,要不然铅会中毒的,后果不堪设想啊!"

我:"啊,有这种事情啊,小飞为什么要这样做啦?"

王:"现在还不知道啊,你有时间的话帮他辅导下吧。"

这天中午的时间,我跟小飞约好来到心理辅导室,询问小飞,最近心情怎么样啊?开不开心啊?小飞说道,平时在学校挺开心的,但是自己一回到家,刚想玩会儿,爸妈就站出来说自己怎么又想玩了,而人家小凯怎样怎样,对此自己也是烦透了。

师:"嗯,小飞,当你听到父母经常拿自己与小凯比较的时候,你的心情具体是怎样的啊?"

飞:"我很烦,还有点不服气,爸妈老是说小凯多好多好,那我呢?就一点优点都没有了?"

师:"嗯,张老师能理解你的心情,父母的这种做法确实有不恰当的地方,关于这一点,张老师以后也会跟你的家长进一步沟通的。"

飞:"哇,太好了,谢谢张老师!我再也不想听到他们在我耳边说看看人家小凯多好多好了。"小飞非常开心我能跟他站在同一战线上,对我也更加信任了。

师:"小飞,那你跟小凯的关系怎么样啊?"

飞:"嗯,我跟小凯本来是好朋友,但是爸妈老是拿我跟他比,我又比不过他,我就不喜欢他了,也不想跟他玩了。"

师:"你的这种感受我也能理解,小飞,今天心理课上,我们提到了大家对做坏事的理解,那你觉得什么是做坏事呢?"

飞:"嗯,做坏事,就是不交作业、上课不认真听讲、欺负别的同学等等。"

师:"说得很好,那小飞你最近有没有做过坏事啊?"

飞:"我,没有,我上次没交作业,但今天补上了。"

师:"那欺负同学呢?"

飞:"我没欺负同学啊!"小飞一口否认。

师:"小飞,那你觉得把同学的杯子弄脏算不算啊?"

飞:"算的。"

师:"那你有没有把同学的杯子弄脏呢?"

飞:"呃……没有。"小飞支支吾吾道。

师:"犯了错主动承认还是好孩子哦!"我看着他的眼睛真诚地说道。

飞:"嗯,好吧,张老师,我承认是我把铅笔芯放在小凯吸管杯里的。"小飞鼓起勇气承认道。

师:"小飞,张老师很高兴你主动承认错误,你能告诉我你为什么要这样做吗?"

飞:"我就是气不过,凭什么爸妈总是说他比我好,我就是想让他的杯子脏一点。"小飞一股脑地说道。

师:"嗯,那小飞你知道铅笔芯是有毒的吗?如果喝到身体内会生很严重的病啊。"

飞:"啊,张老师,这个我真不知道,我就是气不过,想对他做个恶作剧,让他的杯子脏一点。"小飞看着我说道。

师:"好的,小飞,张老师了解情况了,这个事情张老师会为你保守秘密,但小飞你要记住,你气不过的是你父母的做法,跟小凯是没有任何关系的,后面我也会请你的家长一起来谈你们亲子之间如何恰当沟通的事情,也请你千万不要再做任何恶作剧了。"我真诚地跟小飞说道。

飞:"嗯,好的,张老师,我知道错了,你放心,我再也不做恶作剧了。"小飞向我保证道。

"铅笔芯事件"似乎顺利破案了,但我知道事件起因背后的亲子关系辅导才刚刚开始。通过对事件整个过程的了解,我们不难发现,正是亲子之间不恰当的沟通方式和不良的亲子关系酿成了这次惊险的"投毒"案件。正是父母对于孩子的盲目比较使得孩子产生了嫉妒甚至憎恨同伴的心理,并把自己的憎恨转化成恶作剧实施在同伴身上。

因此,我将此次亲子关系心理辅导的一大目标定为帮助来访家庭形成积极正向、恰当适宜的亲子沟通方式,逐步改善不良的亲子关系,并最终形成融洽积极、和谐正向的亲子关系。

蜥蜴学校的启示

考虑到"铅笔芯事件"后小飞及其家人似乎都不再愿意提及此事,我并未选择与小飞家庭过多地直接探讨该事件,而是选取了家庭沙盘辅导的方式,帮助小飞及其父母形成更加积极正向的亲子沟通方式。

我请小飞及其父母来到心理辅导室,三人被多彩的各种物品深深地吸引了,我告诉他们,可以用里面的任何物品摆出自己心里所想到,想到什么场景就摆什么场景。小飞一家点点头表示明白,一家人在很轻松的氛围中,把他们的沙盘作品摆好了(见下图)。

图 1　小飞一家的沙盘作品之一

图 2　小飞一家的沙盘作品之二

小飞主动向我描述说,他们摆的是一个蜥蜴学校,因为自己非常喜欢蜥蜴这种动物,去年暑假出去旅游的时候,自己就抓过好几只,所以今天就摆了一个蜥蜴放学的场景。

辅导过程:

"嗯,小飞,你们摆的这个蜥蜴学校很可爱啊?这些蜥蜴现在是在干什么呢?"我问道。

"他们应该是排好队放学准备等爸爸妈妈来接回家了。"小飞回答道。

"嗯,那小飞你是其中哪一个啊?"

"我是黄色的那只,我最喜欢黄色了,前面的两只大蜥蜴是我的爸爸妈妈来接我放学。"小飞解释道。

"哦,爸爸妈妈来接小飞放学了,好开心啊,那这个时候爸爸妈妈会跟你说什么呢?"我问道。

"嗯,本来是挺开心的,可是爸爸妈妈首先问的是,今天表现怎么样啊?校内作业都完成了吗?看看,你要向这只绿色的蜥蜴学习了,人家表现多好啊!我就感觉爸爸妈妈好像根本就不爱我,我很难过。"泪水在小飞眼眶里打转。

"嗯,小飞爸爸妈妈,你们听完小飞的话,有什么想要说的吗?"我把目光转向小飞的父母。

小飞的妈妈非常惭愧地搂着小飞说道:"我们没想到自己不经意的话会给孩子带来这么大的心理负担,我们一定认真反思自己与孩子的沟通方式和教育方法。"

小飞的爸爸也深有感触地说道:"这个沙盘的场景非常生动形象地让我看到了我们家长语言沟通和方式上的问题及其对孩子的伤害,也让我看清了孩子内心的需求,孩子最需要的是我们家长的尊重、信任和关爱,我们家长一定改正,孩子不是我们攀比的工具,不是给我们家长争面子的机器,他们就只是我们可爱快乐成长的孩子。小飞,爸妈之前有做得不好的地方,爸妈愿意改正,我们一起成长、一起进步,好吗?"

小飞听了爸妈的话,有点不好意思地挠了挠头,嘿嘿地笑道:"嗯嗯,好的,爸爸妈妈,其实我自己也有不好的地方,一直都不想写作业,我会更好地管住自己,先做好作业再去玩的。"

接下来,我们详细探讨了积极正向亲子沟通的方式方法,我们达成共识:真正有效的亲子沟通是建立在相互尊重基础上的双向互动,父母鼓励、引导孩子进步成长的恰当方法是引导孩子自己纵向比较,争取每次都比自己上次进步一些,而不是一味盲目地拿自己的孩子去跟其他小朋友比较。每个孩子本身就是不同的,这种与同学的盲目横向比较对于孩子的成长是非常不利的。同时,我们也详细探讨了亲子之间积极和谐关系的技巧:关心、体谅、沟通和表达等。

小飞及其父母后续又参加了几次沙盘辅导,在完成沙盘作品的过程中,我作为心理辅导老师能感受到小飞和爸爸妈妈间的合作越来越默契,亲子沟通越来越积极有效,家庭的沙盘合作作品也呈现出温馨有爱的画面(见下图)。

图3 小飞一家的沙盘作品之三

图 4　小飞一家的沙盘作品之四

"我真的希望他能够当选大队委员，我把自己的一票投给他"

当我再次见到小飞一家时，小飞很开心地跟我说："张老师，我爸妈真的变化很大，再也没有拿我跟别人比了，他们还答应我，只要我这次跟上次比有进步，暑假就带我去国外旅游呢！"小飞一脸的开心和幸福。坐在旁边的小飞爸妈看到儿子开心的样子也边笑边说道："看到儿子现在开心的样子，我们才知道之前的做法是多么的无知，我们愿意蹲下身来，倾听孩子内心的声音，跟孩子一起成长！"

学校里，可能是因为小飞抛弃了原来心理上的负担，同时拥有了来自父母更加积极的正向支持，小飞不仅在学业成绩上突飞猛进，在同伴关系上，小飞也拥有了比之前更好的人际关系。在对待比自己更优秀的同学上，小飞的心态少了一份嫉妒，多了一份欣赏。这学期，大队委员选举会议上，小飞很真诚地对我说,"张老师,我觉得小凯成绩和人品都很优秀,我真的希望他能够当选大队委员,我把自己的一票投给他。"我笑着点点头,郑重地把带着小飞祝福和成长的一票放到投票箱里。我想,此时快乐成长、向上向善的小飞才是其父母最希望他长成的样子吧。

咨询师思考

在沙盘辅导过程中,心理老师通过来访者沙具的摆设,及时地察觉到来访者亲子沟通中的问题所在,并从来访者的内心出发,运用聚焦疗法和谈话疗法,辅导来访者家庭形成积极正向、恰当适宜的亲子沟通方式,逐步改善不良的亲子关系,并最终形成融洽和谐、健康发展的亲子关系。

这是一个亲子关系紧张导致孩子不当行为的案例。家庭是孩子受教育的第一个小环境,良好的亲子联结和亲子关系对于孩子各方面的成长发展来说都非常重要。美国著名心理咨询师萨提亚创立了家庭治疗理论,又被称为联合家庭治疗模式。这一理论从家庭、社会等系统方面着手,更全面地处理个人身上所背负的问题。萨提亚模式认为,人是活在环境、关系和系统中的。所以,一个人症状的出现,与他人或者环境的互动有很大的关系。其中,一个人在原生家庭中经验到的各种关系,以及各种应对方式,对这个人的一生影响最为重大。

在此次辅导过程中,我更加深刻地感受到,每个家长都希望自己的孩子开心快乐的成长,但有时家长与孩子间沟通方式方法的不恰当,正是造成孩子心理负担过重的源头。作为家长,我们不妨蹲下身来,倾听孩子内心的声音,少一点命令呵斥,多一点沟通理解,跟孩子一起成长,形成积极正向、恰当适宜的亲子沟通方式,铸就更加融洽和谐、健康发展的亲子关系。

督导点评

这个个案让我想起了一个词条,叫作"别人家的孩子"。当我们遇到一个特别优秀的人,就会恭维道:"你就是别人家的孩子。"这句话中既透露着对他(她)优秀的仰望,也不小心暴露了许多人在成长中曾经有这么一个宿敌如影随形。家长这么做初衷是想要为孩子树立一个好的学习榜样,激励孩子奋斗和努力。但事实上,这样的做法往往难以起到激励的作用,反而会损害孩子的自尊心,打击他们的积极性,甚至影响彼此的亲子关系。本案例中,张老师意识到小飞的恶作剧表面看是因为对小凯的嫉妒心理,但是真正的原因却是亲子之间不恰当的教育方式和沟通方法。张老师果断地采用了家庭心理辅导的方式,其成功之处在于:巧妙地避免了小飞及其父母对心理辅导产生的阻抗情绪。首先,作为家长,不太愿意承认孩子的问题是因为自己采用了不恰当的教养方式。张老师借助沙盘作品,让小飞说出了自己心中的怨恨,在小飞的倾诉中他的父母意识到了自己在教育方式上不妥的地方、亲子沟通中存在的问题。其次,孩子在被父母长期的比较中产生了强烈的厌恶情绪和叛逆情绪,不愿意、也很难去面对自身的不足。当父母诚恳地向小飞道歉时,他的情绪得到了理解,他也愿意卸下防备,好好地反省自身的问题。这为本案例后续辅导提供了一个良好的开端。

点评人：吴俊琳

浦东教育发展研究院教师发展中心心理教研员、浦东新区心理健康教育专业委员会副主任、浦东新区心理学科带头人

情绪烦恼篇

"肚子疼"的男孩

施 敏

擅长青少年心理辅导、个人成长、抑郁、焦虑等情绪困扰咨询,善于和来访者建立关系,使之在轻松合作的情景下探索新的思考和行为的方式。

失败的 10 分钟

"叮当,我班小鹏肚子又疼了,你快过来看看!"电话里都能感到班主任的着急与无奈。

我赶到教室,一个男孩趴在桌上,脸色苍白,满头大汗,捂着肚子直喊肚子疼,就是这个小鹏,最近很出名,号称——"鹏半天",因为每周来校最多不超过半天。

我轻轻地问:"小鹏,我是叮当姐姐,能帮你做什么吗?"

小鹏瞄了我一眼,旁若无人地继续呻吟。

我接着建议:"看你不舒服,到我心理室休息会儿吧!"

小鹏还是不理我,继续趴在桌子上捂着肚子呻吟。

我想了想,换个方式,递了杯水给他:"喝点水会好点吧!"

他接过杯子喝了几口便放在桌上,一言不发,始终低着头,眼睛看着地面,一只手紧紧握着桌上的纸杯,身体轻微的颤抖,过了好一会儿,嘟囔着:"我想回家,你让我爸爸来接我。"

他身体传递给我的信息是害怕和紧张,我不知道他为什么如此紧张,是担心什么呢?仅仅是因为对我不熟悉的一种正常反应,还是唤醒了他的某种恐惧情景呢?

我一边思索着,一边从坐在他对面的位置,慢慢挪到他的身旁。我轻声细语的安慰和抚慰后背的行为对小鹏也都没有作用,他还是没有停的迹象,持续5分钟后,小鹏的声音越来越响,纸杯也被揉成一团,眼睛也不时地瞄着我,但并没有停下来的意思,两只小手攥着拳头拼命地在腿部上下移动,似乎想抓住什么,这个动作我非常理解,这是害怕,非常害怕的一种表现,他开始哭泣,嘴里叫着"我肚子疼,我要回家"。

我的心在隐隐作痛,我一边心疼着小鹏,一边有着异常的无奈感,我仿佛一时失去了方向,看着班主任失望的眼神,顿时有种无力感,这是我遇到的一个非常棘手的案例,也是一例难度很大的案例,这对于我来讲,也是一个非常大的挑战,但我知道,此时,我能做的,只能是面对。

他在怕什么？

走出教室，我一直在思索，小鹏到底在害怕什么？带着疑问，我先从他身边的人开始收集资料，了解情况：

妈妈："上学期开学初他肚子一直不舒服，一个月没有上学，我们也很着急带他到很多医院去反复检查，最后考虑"肠胃功能失调"，进行中医调理，之后也就断断续续上学，现在身体已经恢复了。我们发现，只要一到学校，他就喊头晕肚疼，难以忍受；一接回家就没有问题，去学校就有压力，肚子会疼，感觉他有点怕去学校，现在学习成绩也由上学期班级里的上游降至尾数。我们也是伤透了脑筋，再去医院看，医生说这孩子没病，身体各方面发育正常，怀疑是心理原因造成的。

班主任："感觉这孩子很容易紧张，大概肠胃功能弱，很受情绪影响。同学间下课嬉戏，他会抱着头、捂着耳朵叫太吵闹要回家。一问他要作业，他就叫肚子疼要回家，这些作业都是好几天前落下的。有好几次上课上一半就说肚子疼要回家，有些课喜欢上就上，不喜欢的课就说肚子疼，唱歌肚子疼，画画也会肚子疼。真拿他没有办法！"

科任老师："一次班级整队，有同学不小心踩到他脚，他就说别人是故意针对他，脚疼的不能走路，吵着要回家。去医院拍片，医生说没有什么大碍。"

同桌学生：有次小鹏对我说，生病落下了太多作业了，怎么补都补不完，跟不上大家的节奏了，三年级估计要重新读一次了！

家庭情况：父母都是公司职员，父亲内敛，母亲外向，夫妻感情良好。小鹏出生后到小学前和父母爷爷奶奶同住。上小学后,和父母住在学校附近,情绪低落,只有周末在爷爷奶奶家才会开心。老人比较宠爱孩子,小鹏在家要风得风要雨得雨。

听了这些,之前迷雾渐渐散去,小鹏害怕和恐惧的原因逐渐清晰起来,小鹏这一表现是典型的"学校恐怖症",它是一种焦虑情绪障碍,实质上是心理原因即心理预期加上过度的紧张焦虑导致植物性神经暂时性失调所致。

"学校恐怖症"的主要表现是害怕去学校,并常伴以头疼、肚子疼等症状,一旦离开学校,这些焦虑情绪和躯体症状很快得到缓解直至完全消失。如果强迫他上学,就会出现情绪、饮食和睡眠障碍,如恐惧不安、焦虑抑郁、呕吐、腹痛、噩梦不断等。

为什么小鹏会害怕?

小鹏为什么会害怕上学?原因是多方面的,首先是他敏感的性格。他过于谨慎敏感,胆小多疑。常常感到来自外界的威胁,不能适应学校生活,所以平时同学之间的无意碰撞,他都觉得有针对性,而家庭则成为他逃避威胁的最好场所。

其次是家长的溺爱。小鹏的家庭是典型的"六宠一"(即爸爸、妈妈、爷爷、奶奶、外公、外婆都以他为中心),在家里他呼风唤雨。这种过度的保护造成了他意志不够坚强、依赖性强及独立性差、好强又内向,在困难面前心理承受力弱等心理特点,这加大了他适应学校的困难。

第三方面的原因是焦虑的状态。小鹏生病之前成绩不错,基础很好,家长和老师对他的期望也高,但生病休养时间较长,落下了很多作业,小鹏担心自己赶不上,对学习也失去了信心,于是逐渐形成了焦虑的心境,感到自卑,害怕学校。

"守株待兔"

在上次失败的"10分钟"中,虽然没有交流,我还是能感受到他的无助,不由得开始心疼这孩子,这让我的责任感异常强大起来,我告诉自己,一定要帮助小鹏。

在他教室门口连着守候几天后,小鹏身影终于又出现了。我决定先对他的担心与焦虑做出解释和指导。

我:"终于见到你来上学了,叮当姐姐等了你好几天!"

小鹏狐疑地看了看我,往后退了一步。

我看似不经意地往前探了下身子,又把我们之间距离缩小了,问道:"今天好点了吗?"

小鹏:"刚才肚子又痛了!"

我:"你感觉肚子的什么位置痛?去医院检查医生怎么说?"

小鹏:"我也说不清楚哪里痛,医生说我一切正常。"

我:"数学课之前,肚子疼吗?"

小鹏想了想:"不怎么疼。"

我:"数学课什么时候肚子疼呢?"

小鹏:"我也不知道,就是想到还有好多作业没有补,越想越怕。肚子一下就疼起来了!"

我:"小鹏,这说明你并不是真的生病,你肚子疼是因为你的不良情绪引起的,你是因为怕生病落下的作业来不及补,而不是因为来学校上课才肚子疼。"

小鹏:"……"

我:"除了想到交作业,你什么时候还会肚子疼?"

小鹏:"刚才做试卷,也会一抽一抽的疼。"

我:"每次做试卷就疼吗?"

小鹏:"碰到不会做的,一着急,就开始疼。"

我:"为什么特别害怕碰到不会做的题?"

小鹏:"因为很长时间没上课了,现在分数很低,以前我从来没有低90分以下,可上次数学考试竟然只有75分,我想三年级我要重读了,太丢人了!现在都不敢跟爸爸说。"

由此,我和小鹏开始讨论分析,他的心理压力并不是来自学校、同学,而是来自他自己的错误认知。生病休息落下了很多功课,用生病之前状态去衡量现在自己显然是不准确的。可他错误地认为自己落下了很功课,怎么赶也赶不上,不能完成三年级学业,进而觉得是学校的一切都不对,好像什么都跟自己过不去,连老师和同学也变得可厌可恨,于是他选择了逃避。可逃避却使他更加的不安,缺的课越多,他对学习的忧虑越深。

两节课的进步

我:"小鹏,现在你明白了吧,那我们回教室上课吧?"(这时我有点操之过急。)

小鹏坚持道:"可我还是肚子疼,我要回家休息,班主任也打电话让我爸来接我。"

我:"小鹏,前面你也说了,你肚子疼是因为害怕不能完成作业和考试没考好,不是因为身体原因,今天我们试一试回教室继续上课好吗?"

小鹏很干脆地摇头用沉默表达拒绝。

我毫不气馁说道:"小鹏,叮当姐姐知道你是个坚强的孩子,你爸爸现在堵车赶不过来,我们再坚持上两节课,吃完午饭再回去好吗?"

小鹏没有作声,我知道这时候的沉默代表的是默许并非拒绝,生病在家无拘无束的生活已经让小鹏对规规矩矩的学校生活有点不习惯了。这年龄段的孩子,即使明白了肚子疼的病因是非理性认知,并不代表他马上就能开始融入学校生活。现在小鹏需要更多的自信和外界支持,在和班主任沟通后,我带着他回到了教室,班主任当着全班同学的面,表扬他勇敢地克服腹痛,坚持继续上课,他有些不好意思地低下头,但是我发现他嘴角不经意的上扬。

虽然一到中午,他还是急不可待地回家了。但是他这两节课的坚持给了我信心,我相信虽然对别人来说是一小步,但对小鹏来说面对自我的一大步,挑战自我成功的一大步。

同时我也和家长进行了沟通,让小鹏家长改变过于爱孩子的教育方式,与孩子进行更多的感情交流,不要一个电话过来就立刻接孩子回家,平时在家要鼓励他与困难做斗争,培养他的独立意识、乐观开朗的性格及适应环境的能力。

奇趣蛋的诱惑

第二天,早早来到教室门口,看到小鹏的身影,暗自松了口气,我变魔术般地掏出一个奇趣蛋,朝他招手:"小鹏,叮当姐姐真高兴今天能看到你,如果每天都能看到你多好啊!这样,每天中午你都能来心理室看我,这周五就把这奇趣蛋奖励给你,怎样？"

小鹏眼睛亮光一闪，又低下头："我不知道……我经常肚子疼……我试试吧！"我会心一笑，之前收集资料时，偶然得知他的最爱就是奇趣蛋！

这次我和小鹏家长约定，这周让他尽量每天上半天课，家长需要硬下心肠，配合我采取一切办法尽可能把他留在学校。有一次，小鹏又肚子疼吵着要回家，我让他到我心理辅导室休息一会儿，分散他的注意力，等到肚疼缓解，我又把他送回教室！他看到家长没有指望了，也渐渐调整了心态，坚持到了中午再回家。

上课时，只要他走进教室，老师就及时表扬他勇敢地克服困难，坚持上学；下课时，班主任鼓励大家与他一块玩，培养同学之间的友情；同时选择一些与小鹏关系密切、学习认真、自信心强的同学，与小鹏一同玩耍。

课堂上，老师想方设法多给他一些锻炼的机会，提些小鹏能回答的问题，并及时表扬，恢复他的自信心。课余时，老师帮他补上生病落下的课，同时安排一些热心学习的同学不断影响他，与他一同上学，一同回家完成作业。

周五，他开心地拿到了奇趣蛋，看着他脚步轻快的背影，我的心情也像窗外的阳光般灿烂。

俗话说万事开头难，这个头我们开的还不错，之后逐渐步入轨道。小鹏经历了从一周只上半天课，到一周每天半天课，到一周只缺半天课，再到一周全天上课的良性循环。对小鹏来说，这是一个漫长而又煎熬的过程，不可能一蹴而就。小鹏经常出现反复，情绪不稳定，肚子时常疼！这段时期，我们给予小鹏更多的耐心、爱心、关心,他一有进步,我们及时肯定并给予鼓励。在家校共同配合下,小鹏到我心理室的次数越来越少了,脸上的笑容越来越多了,开始真正融入学校生活中。

这学期因为表现出色,他被选上担任光荣的升旗手。看着站在国旗下,那个侃侃而谈着、展现自信笑容的男孩,有谁又会想到2个月前他因为害怕上学而浑身发抖呢?

作为一个心理老师,这时是最有成就感的时候!

咨询师思考

小鹏因生病在家,导致学习成绩下降、害怕去学校而产生的肚子疼,家长又错误地把这些症状当作疾病来对待,小鹏也间接接受了错误的心理暗示:我肠胃很弱,我什么都不能做;同时,只要肚子疼,爸爸就会来接我回家,可以达到离校回家休息的经验,使他形成了比较巩固的神经联系,即恐惧—肚疼—回家休息。每疼一次,这些经验就不断地强化,症状就越来越严重,频率就越来越快,这些都是自我防御在起作用。由于小鹏对自己的期望值过高,超出了其心理承受能力,而形成的焦虑心理使其感到自卑,因而害怕考试、害怕去学校。

由于小鹏的病症发现得早,程度尚不严重,加上在辅导中得到他及其父母、老师、学生很好的配合,针对他性格特点等具体情况,在辅导过程中采用了系统脱敏法为主的综合支持疗法,树立小鹏的自信心,克服他的自卑心理,对他的每次进步,都及时肯定并给予鼓励,久而久之,消除了小鹏对上学的恐惧情绪和行为,取得了良好的辅导效果。

督导点评

厌学拒学是学校心理辅导中常见的类型，由于具体个案的临床表现不一，在问题呈现之初很难被识别，往往要经历一系列医学检查之后，才能借由排除法让个案来到心理辅导室。小鹏也不例外，经历了"肠胃功能失调"的诊断评估与治疗，家人与老师终于意识到对学习的焦虑可能是拒学行为背后的罪魁祸首。而施敏老师在经历最初的短暂疑惑之后，很快就对症状背后的心理机制形成了假设，并把问题聚焦为"焦虑情绪障碍"，她解读其实质是"过度的紧张焦虑导致植物性神经暂时性失调"。她练成了心理辅导工作者的专业敏感，也具备了初步的身心医学思维。在此基础之上，施老师实施了卓有成效的辅导，辅导的成效主要来自两个方面：

第一，施老师以心理教育的方式，帮助小鹏在身体症状和情感需要之间建立起了联系，激发了小鹏改变的内在动力。受言语表达和自我觉察能力的限制，小鹏无法言明疼痛到底因何而起，更不能把"肚子疼痛"和"害怕上学"建立起联系。如果小鹏继续沉浸在身体的痛苦中而不自知，那么心理能量无法得到调动，后续辅导亦难以推进。所以在安抚情绪、建立关系的基础之上，心理教育势在必行。这一做法和认知行为治疗提倡"治疗师力争让来访者在自己的治疗中更为主动""让来访者了解自己的疾病以及治疗策略，从而让来访者最终成为自己的治疗专家"的思路是一致的。

第二，施老师以循序渐进的方式帮助小鹏完成了对学校环境的脱敏。在心理教育、意识唤起的基础之上,施老师也清醒地意识到,"这年龄段的孩子,即使明白了肚疼的病因是非理性认知,并不代表他马上就能开始融入学校生活。现在小鹏需要更多的自信和外界支持",她以奇趣蛋为引入、协同老师和班级同学的力量,半天半天积累的步调,最终实现了小鹏复学的目标,其中运用了许多系统脱敏的思想与技巧。

施老师的辅导在专业之外亦有爱心和耐心,但回顾辅导全程,敬佩之余亦有担心:因为辅导没有呈现清晰的设置,会让人担心没有得到边界保护的她是否会耗竭、而影响自身状态。如果施老师本人有上述体验,可以考虑借助医教结合的力量来推进个案,也可借助可视的量化表格来协助小鹏完成系统脱敏。

点评人:罗吾民

复旦大学第二附属学校专职心理教师、上海市首届学校心理健康教育吴增强名师工作室学员,先后任崇明区、虹口区心理学科骨干

爱发脾气的小女孩

黎志辉

心理学硕士、国家二级心理咨询师,擅长通过游戏、绘画等表达性咨询技术进行儿童情绪问题、躯体不适、厌学、注意力不集中、网络成瘾等方面的咨询。

低年级的小学生,因其认知水平发展有限,他们在遇到一件不如自己所愿的事情时,往往会出现较大的情绪波动,而情绪问题又是导致儿童行为问题的主要原因之一。留心观察就会注意到，平时我们可以随时看到孩子们的情绪表现，却很少听到其对情绪的表达，尤其是恰当的表达。如果儿童对情绪的认识不够，情绪表达的机会又较少，其他人就无法理解他们，那么这种情绪的聚集就会升级。情绪的这种习惯性自动发生和不经选择的处理方式其实与情绪知识的抽象不明晰有很大的关系，儿童认识情绪、愿意体察自己的情绪越多，就越能跟自己的情绪和平相处。本案例中的孩子所呈现的问题可能是大家较常见但却又令人头疼的问题。那么孩子对情绪的认知到底是怎样的？面对孩子的情绪问题我们又该如何应对呢？

唉，真拿她没办法！

第一次知道红红的事情是来自班主任老师的介绍。原来红红是一名小学二年级学生，她目前存在的最大问题就是不分对象和场合的大发脾气，且情绪强度大、持续时间长，情绪发作时还伴有对他人动作和语言方面的攻击行为。比如，扔东西（书本、文具、椅子，甚至鞋子），自己的东西常常扔得到处都是；用力砸、踢、摔（门）；用东西砸人；拒绝写字、做作业；一不开心就大喊大叫"你是坏人！""我讨厌你！""你们都给我滚回去！"等等。基本上每个星期会有两次比较大的闹情绪事件，有情绪的时候是任何人的话都不听，大家尝试了各种应对办法都无济于事，家长和老师都很沮丧，不知道该怎么办。在听完班主任和任课老师的大致情况反馈后，我决定先约见红红。

走进孩子的内心世界

第一次面谈。第一次见面是班主任亲自将其送至心理辅导室的,红红一听完我的介绍就迫不及待地抢着说了自己这两天来的不开心的事件和不喜欢的人。接着我们谈了她的兴趣爱好、喜欢吃的水果、喜欢唱的歌曲和喜欢看的动画片,她还为老师表演了一支舞蹈。顺着她的爱好和特长,老师让红红画了一幅画。能够有纸和彩笔画笔,红红感到非常开心,很快她就开心地完成了自己的作品。以下是红红的作品:

图1 红红的作品

通过孩子的作品,我们能隐约感觉到她目前所处的状态。第一,自我意识。红红对人物细节的观察和描绘非常细致到位,尤其是图画中的自己,这说明孩子对自我的关注度是比较高的。第二,同伴友谊。画面上的两个小朋友并没有画在一起而是隔着一定的距离,且画中对自己的描绘非常精致、色彩也很鲜艳,这可以理解为一方面孩子很渴望友谊,另一方面可能因为太顾及自己的内心感受而往往被同伴拒绝。第三,心理自我防御能力。红红最开始画的是城堡的墙壁,这暗示着一种防御外界攻击和保护自我的能力,同时她的画中还画了许许多多的窗户,窗户象征着人的眼睛,可推测她对他人的评价及外在环境的变化非常敏感,而自身的心理防御又较强的话,遇事容易产生认识上的误区。第四,家庭亲子关系。从红红说"国王和王后都在睡懒觉,小公主一个人在外面"和"我的一家"可以看出孩子内心其实是渴望父母能多花点时间陪她一起玩的。另外,画中央的爱心、左上角的太阳也能反映孩子的内心是渴望快乐和爱的。

基于前面的了解,我们分析了孩子的问题主要来自三个方面:家庭教养、对情绪的识别和表达不够,以及不合理的情绪宣泄方式被进一步强化。因此,我们将红红的辅导目标商定为:第一,近期目标:建立信赖的辅导关系;懂得关于情绪的基本知识,做到情绪来时"不伤害自己,不影响他人";学会情绪管理的简单技巧,能运用所学合适的表达自己的情绪,减少因情绪引起的不恰当行为;采用认知技术,改变红红"认为老师和同学都不喜欢自己、嘲笑自己"的不合理认知,增强孩子的社会适应能力。第二,中期目标:参加各种集体活动,能把在辅导中学到的知识和技巧运用于课堂学习及集体生活中,完善人格,促进心理健康发展。

情绪知识我知晓

第二次面谈。有了前面的良好接触,这天正当老师猜测红红在间隔了这么久还会不会如期"赴约"的时候,红红已经主动地准时到辅导室来了。这次她跟老师分享了自己在幼儿园的好朋友和现在的好朋友;说到了自己最喜欢的家人是爷爷。并重点跟老师分享了这两天发生在家里和今天早上发生在学校里的不开心事件,说到激动处,声音会提高一个八度、情绪反应比较大。老师教红红认识了她目前遇到最多的"开心"和"生气"两种情绪,下面是红红的画:

图 2　红红的作品—开心　　　图 3　红红的作品—生气

第三次面谈。下课铃声一响,红红就兴高采烈地跑到辅导室跟老师分享了昨天体育课上发生的事情:"老师,昨天一个小朋友用小辫子打我,我后来原谅了她!"(变化 1)在分享完情绪事件之后,老师又教了红红另外一种情绪:"伤心";并让红红把自己的家人都画下来。红红的作品如下:

图 4　红红的作品——伤心

图 5　家人之一

图 6　家人之二

图 7　家人之三

　　从红红的作品中,我们能直观地感受到孩子父母平时处理情绪事件的方式。在家庭中,父母对不如意事情的处理态度和方法对孩子有着重要的影响,从孩子惟妙惟肖地描述妈妈生气时的情形来看,孩子对妈妈生气时的感受和形象,记忆得非常深刻。

　　第四次面谈。中午吃饭时,红红又不肯吃饭。通过与红红的沟通,老师明白了原来是因为第三节体育课上有同学笑她跑得太慢了而一直在生闷气(变化2)。老师用游戏的方式现场重现了她当时遇到的情形:老师扮演她的同学,红红带着小人假装跑。老师说:"红红,你怎么跑那么慢啊?"红红一听,立刻瞪大眼睛朝我吐舌头、要生气的样子,但最终孩子没有生气(变化3),而是又低着头带着小人继续跑;老师接着说:"红红,加油啊,你能跑得更快的!"她一听,马上加快了动作,很快就跑到了终点。

老师问红红:"身体里的生气小人现在好受一点了吗?抱抱她!"她伸出双臂抱了抱自己,说"好多了"。在孩子开心地吃完饭之后,老师肯定了红红这次生气的时候不像以前那样攻击他人,有进步;并引导红红怎么去看待他人的评价。课后老师和红红一起阅读了绘本《我好生气》,读完之后红红情不自禁地拿起老师的手轻轻地亲吻了一下(变化4),那种眼神让老师非常感动。

改变一点点

通过近两个星期的接触,红红与老师已经建立起了较好的链接,孩子很喜欢到辅导室来,也很愿意把自己的事跟老师分享。

而从老师、朋友的评价、孩子处理情绪事件的方式以及她来辅导室的表现来看,红红最近的确有了一些"变化":孩子在处理情绪事件时不再像以前那么强烈、外露、具有攻击性,她在有意地控制自己的情绪(从上个星期体育课上发生的事情可以感觉到孩子处理问题方式的一个转变)。这些变化当然不是几次心理辅导的结果,而是孩子本身所具有的一种内在的积极向上的驱力被激活的表现。这种内驱力可以促使她积极向上的愿望,缺少了这种力量,教育上的任何巧妙措施都将无济于事。红红感觉到了外在环境的变化,她在有意地控制和掩饰自己负面的情绪。当然红红的"变化"可能是短暂的,她暂时把自己外露的负面情绪隐藏了起来。因为强制地压抑自己的负面情绪这种感觉并不好受(从红红看完儿童绘本《我好生气》情不自禁地轻吻老师的手及孩子的眼神可以深刻地感觉到),通常这种状态也持续不了多久,因此红红非常需要了解关于情绪的基本知识和情绪的恰当表达方式,于是我们的辅导进入第二个阶段。

寻找红红行为上的"例外"

此阶段主要是帮助红红分析和解决问题,改变其不合理的认知及不适当的情绪与行为;采用焦点解决疗法面询,积极寻找孩子行为上的"例外";并结合团体活动课让孩子懂得关于情绪的基本知识,做到情绪来了时"不伤害自己,不影响他人"。以下是我们记录下的孩子在校的闪光点,尽管大部分红红还不能坚持下来,但孩子已经开始在努力尝试,并努力迈出了第一步。

序号	时间	积极事件
1	3月12日(星期二)	认真做完数学试卷,并得了91分。
2	3月18日(星期日)	在家把语文周末试卷认真做完了。
3	3月18日(星期日)	在"英语角"活动中,没有到处乱跑,能遵守规则。
4	3月19日(星期一)	知道情绪来了的时候"不伤害自己,不影响他人"。
5	3月20日(星期二)	(这学期)第一次在校更正了汉语拼音(班主任反映)
6	3月23日(星期五)	开始自己整理书包(同学反映)。
7	3月28日(星期三)	(这学期)第一次在校认真做完语文试卷(班主任反映)。
8	3月28日(星期三)	有礼貌,遇到老师能主动问好。
9	3月28日(星期三)	最终战胜了自己,顺利参加了学校举行的班级跳绳比赛。
10	3月30日(星期五)	上课能站起来有礼貌地向老师问好。

以上10项积极事件中,红红自始至终能做的是"情绪来了不影响他人、不攻击他人",所以最近一段时间孩子的确没有那种攻击他人、大吵大闹的情绪出现。另外,孩子在努力尝试的事件有:自己整理书包、完成课堂作业,尤其是3月28日的班级跳绳比赛,当时红红说什么也不肯参加,她怕其他同学嘲笑她,后来在老师的帮助、鼓励和模拟训练下,她最终战胜了自己,顺利参加班级跳绳比赛。

一点点改变

活动课上,借助团体的力量,红红的情绪发生了微妙的变化,我们先来看看孩子在团体活动中画的这几幅"生气小人":第一幅画是第一阶段面谈中画的"生气小人",小人生气的时候是脑袋冒火的。第二幅画是第二阶段团体活动中画的"生气小人",此时生气小人周围是没有一团一团的火焰的,但这个生气小人的样子感觉是很难受的、她耷拉着脑袋。这跟孩子这段时间一直没有攻击他人、没有大发脾气以及在跟老师的面谈中强调自己没有生气小人的现象是相符的,孩子在有意控制并回避自己的负面情绪,这种有了负向情绪强压心里不知道怎么恰当表达的感受的确是很难受的。第三幅画是孩子第二阶段后期活动课中团队成员在分享自己的情绪事件中画出来的。当红红看到其他同伴都有生气的情绪事件时,她也开始讲述自己遇到的生气事件,这说明孩子慢慢开始正视自己的负面情绪,可喜的是孩子画的情绪小人依然没有一团团火焰,而同伴中类似的不善管理自己情绪的孩子画的情绪小人相比之下强度要激烈得多(见图11)。

图8 红红第一次画"生气"　　**图9 红红第二次画"生气"**

图 10 红红第三次画"生气"　　图 11 同伴甲第一次画"生气"

通过前两个阶段的辅导,红红已经有很长一段时间能做到情绪来时"不伤害自己,不影响他人",在与同学的人际关系也有所改善,不再有同学嘲笑她,而且她这次期中考试成绩也让老师和同学们大为吃惊:从以前的不动笔到现在的每门功课90多分!这极大地提高了红红的自信,也获得了同学们的一致称赞。

图 12 是红红在考完之后兴奋地跑到开心小屋所画下的画:

图 12 红红高兴时的作品

咨询师思考

1. 评估分析

红红所表现出的遇事任性,过于敏感,常常因细小的事情而不分场合大发脾气,且情绪强度过大,持续时间过长等问题,从某种程度来说是因为孩子心理发展还不成熟,容易产生各种情绪问题,但过于强烈和过于频繁的情绪反应需要引起我们的积极关注和高度重视,本案例中的红红小朋友就属于因情绪表达和管理不恰当而导致了一系列行为问题。

2. 干预方法

(1) 焦点解决疗法:这是一个非常积极正向和乐观的辅导角度,贯穿于本案整个辅导过程中。由于孩子正处于不断发展时期,每一个孩子的内心其实都有积极向上向好的愿望。老师可以引导红红找到其学习生活中的"例外",让孩子深切体会这一"例外"所带来的正向感受,帮孩子找到力量,并教给她正确的方法和技巧。

(2) 认知行为疗法:但凡情绪或行为反应,均与其认知有连带关系。本案例主要从以下角度来引导孩子对情绪的认知:"人人有情绪,每一种情绪都有它特有的作用,我们要先接纳自己的情绪。"然后,让孩子知道情绪来了要遵循"不伤害自己,不影响他人"的原则,不恰当表达情绪既影响他人,也会让自己成为不受欢迎的人。

(3) 专项心理活动辅导——情绪管理。考虑到孩子年龄小,以活动课的形式进行心理辅导孩子会更容易接受、理解,并自觉将情绪管理的知识内化为自己的行为。所以我们根据红红的情况专门设计了一系列情绪管理活动方案,通过系统的情绪训练课让孩子获得关于情绪的系统知识,使孩子学会恰当地表达自己的情绪。

3. 咨询感受

我们知道情绪是一种能量,它不能被消灭,只能被转化,所以情绪需要表达,需要以合理的方式进行表达。无论是孩子还是成人,产生情绪时都需要找一个合适的方式表达出来,这样心情才更舒畅。当儿童经常隐藏他们的情绪,而不是用合适的方式宣泄和表达的时候,就容易产生情绪郁积,也更容易以不合适的方式爆发出来,这种情绪的习惯性自动发生和不经选择的情绪处理方式与情绪知识的不明晰有很大关系,儿童认识情绪、愿意体察自己的情绪越多,就越能跟自己的情绪和平相处。

因此,作为小学心理老师,我们更应该帮助孩子们正确识别和恰当表达自己的情绪,做到情绪来了"不伤害自己,不影响他人"。

督导点评

情绪辅导一直是学校发展性心理辅导中很重要的话题,本案例的辅导聚焦在情绪管理上,是一个比较成功的个案,之所以取得成功,以下几点值得借鉴:

第一,咨询目标具体且明确。

咨询目标是心理咨询很重要的部分,具体和聚焦的辅导目标对小学生是非常有帮助的。本案例把咨询短期目标聚焦在"当情绪到来时,不伤害自己,不影响他人"上,非常具体,学生也容易明白和达成。

第二,运用绘画的方式评估和辅导。

绘画方式在本案中起到了很大的作用,一开始评估咨询师就运用了绘画的方式,孩子容易接受,咨询师也可以更直观地看到孩子的情况。绘画方式的评估一下把个案清晰地呈现在读者面前。几次孩子情绪的呈现咨询师也运用了绘画的方式,既是评估也是辅导,同时帮助自己理清思路。

第三,外化技术用在细节处理中。

本案例采用了焦点解决这种后现代心理咨询的方式,在细节处理中运用了外化技术。比如,在处理孩子体育课跑步被嘲笑的事件中,咨询师和来访者一起用游戏的形式重现现场,然后把那个生气小人外化出来,让来访者看见、接纳并安抚了生气小人。这个细节的处理很适合低龄儿童,值得学习。

本案例的咨询师非常敏锐,能从表面的行为问题看到背后的情绪管理,并帮助孩子处理核心问题,使得孩子发生很大的改变。个案可以停在这里,如果还需要进一步工作的话,在个案一开始的绘画评估中提到了亲子关系和孩子的渴望,还可以对家庭做一些工作,取得家长的合作,对个案可能更有帮助。有时候家庭很难被撬动,当家庭进入辅导无法对孩子有帮助时,像本案例的咨询师一样,只是对孩子做辅导,没有让家庭参与,也是值得赞赏的。本案例的咨询师一定也是做了很好的评估才做出这样的辅导策略。

点评人:沈闻佳

华东师范大学第一附属中学心理组组长、虹口区心理骨干教师、华东师范大学心理与认知科学学院临床心理学硕士

考前，他成了"坏"孩子

李 荆

毕业于华东师范大学应用心理学专业，国家二级心理咨询师、上海市中级学校心理咨询师、徐汇区"十佳心理咨询师"。

三年级是小学阶段的转型期，是低年段向高年段转变的一个阶段。不仅学业上承受压力，心理上也同样需要成长。有些学生心理上的需求无法准确用言语来表达，从而转化为各种躯体症状及外显行为。

走廊里的"怪"学生

初次见到小林是在教室门口的走廊上。上课铃响了,同学们纷纷回到教室上课。走廊上只有他呆呆地站着,偶尔朝教室里张望一下,很快又低下了头,像个犯了错的孩子,显得那么委屈和寂寞。

一旁的班主任小声地介绍着小林的情况。从班主任的口中了解到,小林一直是个比较听话、乖巧的男孩子。成绩不算数一数二,但中上水平是稳定的。学习兴趣浓厚、学习习惯良好、学习态度积极主动。就是这样一位好学生,最近像变了个人似的,让各科老师都大跌眼镜,直呼看不懂。

原来最近一段时间,小林上课时常走神,试卷上经常出现大面积空题。考后个别辅导时发现他是会做的。考试时却因为想不起来而来不及做。之前,小林成绩虽然中等,但还算是个努力学习的孩子,可最近却不太愿意做作业了。和家长联系,妈妈反映:他最近在家做作业时,总是很烦躁,静不下心来。早上总是拖拖拉拉的,不愿到学校来;还学会了撒谎,经常说自己头疼不舒服,但妈妈发现他除了容易出汗外,没有其他不舒服的症状。这次妈妈就硬把他拉到学校,可他宁愿坐在教室外面也不愿进去上课。

我走上前,蹲下身,迎着小林委屈的目光,轻声问道,"你愿意和我聊聊吗?"在一阵沉默之后,小林点了点头。

考前,秒变"坏"学生

从小林处了解到:最近快要期末考试了,他知道这次考试很重要,但每次复习总是静不下心来,感到很烦躁。总是胡思乱想担心会考不好。做练习的时候也因为紧张而来不及做题。有时,考试时脑子就一片空白,试卷刚交上去,就想起来了,可是已经不能再写了。成绩也因此下降很多。自己虽然很着急,却无能为力。做作业时也因为担心考不好而无法集中注意力,经常做到很晚,有时甚至无法当天完成。

孩子的委屈

根据来访者的陈述,小林表现出的是焦虑症状,在考试前和考试时尤为突出。考试前因为担心考不好而无法集中注意力复习。考试时因为紧张而无法回忆出熟悉的知识内容。考试结束,焦虑症状得到缓解时能正确答题。最近正处于考试前夕,各类练习接踵而至,让小林应接不暇、无力承受。

在这种状态下,小林选择逃避来应对。因为不能集中注意力,而无法按时完成作业。因为考试时无法正常发挥,成绩每况愈下。因为无力面对考试的紧张氛围,而逃离课堂,不愿上学。

与小林沟通后了解到,小林有不理性信念:觉得自己样样都不如姐姐,担心成绩不好,爸爸妈妈会不喜欢他、不要他。正是这一想法,导致小林特别看重考试成绩,也因此特别担心自己会考不好。小林认为父母对自己的学业有很高的要求,非常看重自己的学习成绩。每天除了学校作业外,妈妈还会额外布置家庭作业。有一次,小林没有听从妈妈的要求做家庭作业,与妈妈起了争执,被妈妈赶出了家门。而姐姐成绩优异,妈妈就对姐姐很放心,时常教育小林要多跟姐姐学。这让小林觉得一旦自己成绩不好,爸爸妈妈就会因此不要他、把他赶出家门。小林与姐姐的关系也不是很融洽,两人常常会因为一些琐事吵架。

深层探究,找回好孩子

小林是一个性格内敛、情感细腻而又敏感的孩子。他对外界有一套自己的评价标准。思考多于言论的他,常常让父母不知道他在想些什么。相比较姐姐的开朗活泼、能言善辩,父母与姐姐的沟通更顺畅,也就更放心,对小林学习上的关注就相对更多一点。重男轻女的思想也让父母对小林寄予厚望。

三年级是小学阶段的转型期,不仅学业难度与以往有所不同,学习方法上也需要进行调整。小林的焦虑情绪在这种状态下积聚着。非理性信念让他对考试的紧张、焦虑情绪急剧增加,无法集中注意力进行复习。这种准备不充分的状态又再次增加了考试的焦虑。考试时的不自信又导致小林无法正常发挥,从而导致成绩下降。这样的结果又加重了下一轮考试的紧张焦虑情绪。随着考试的日益临近,小林的焦虑情绪积聚到了最高点,最终因无力承受而不愿上学。

经与来访者共同协商,达成共识的心理咨询目标:基于以上的分析,在认知上,帮助小林认识自身的特点。通过理性情绪行为疗法中的争辩改变其不理性信念。在生活上,帮助小林调整作息时间。在学习上,与小林探讨学习方法,共同制定复习计划。帮助小林掌握一定的考试技巧,提高答题正确率,从而减轻考试的焦虑情绪。

多方鼓励,考前考后都是好孩子

咨询师评估:咨询的具体目标基本实现,小林对考试有了正确的认识。焦虑情绪得到了缓解,能在考前集中注意力复习,考试时集中注意力答题,与父母的亲子关系更为主动。

任课老师评估:小林最近两周的转变明显。开始主动做作业了。各科的作业也可以按时完成。上课偶尔也能举手发言。考试时能专心答题并在规定时间内全部完成,成绩有所提高。

家长评估:和姐姐的相处变得融洽,不再像刺猬一样到处扎人了。放学后的学习变得主动了,不需要家长提醒就能自觉复习。妈妈对此感到很放心。

小林的自我评估:经过这段时间的心理咨询,让他有种被理解、被接纳的感觉。事情说出来后,也不那么烦躁、心慌了。似乎情况也没想象得那么糟糕。情绪稳定后,心情也好转很多。与父母、姐姐之间的关系也改善许多。周末还能和姐姐相约一起去图书馆看书。现在人变得自信了,感觉也轻松了很多。

咨询师思考

考前焦虑情绪在小学阶段还是存在一定比例的。但小学阶段的学生往往因为年龄小而无法正确表达自己的情绪。总是以身体不舒服、乱发脾气、哭闹来宣泄内心的紧张焦虑情绪。在和父母、老师描述的时候,也无法做到准确描述。而父母、老师也往往容易忽略心理因素造成的影响。

本案例在一开始,根据来访者的情绪表达和经历描述,我对他的初步判断可能是厌学。但在咨询过程中,我没有急着下结论,而是多询问了一些情况后发现:本案例在厌学行为的背后,实际上是来访者的考前焦虑情绪不能得到有效排解,而选择的一种逃避方式。这使我在之后的心理咨询过程中,变得更加小心谨慎。不急于下结论,慢慢剖析来访者的问题。层层深入后发现来访者有非理性信念:认为父母会因为他成绩不好而不喜欢他、不要他。这正是一系列焦虑情绪产生的根源。

在针对小林的辅导过程中,我更多的是聚焦来访者,让来访者主动探索内心,发现问题的根源,寻找解决对策。但小学阶段的学生往往还不具备这些独立自主的能力。所以,我在整个咨询过程中与来访者一起探索内心、发现问题;一起寻找解决方法,制定一系列具体计划。让来访者消除非理性信念,焦虑情绪得到缓解,日常生活和学习不再受到焦虑情绪的影响。

督导点评

考试焦虑是中小学生常见的一种焦虑情绪。本案例中的三年级男生小林出现考前焦虑,也是多方面原因造成的,小林在咨询师的辅导下,焦虑得到了缓解,咨询取得了较好的效果。

咨询师值得肯定的地方

咨询的目标清晰。咨询师经过分析与评估,并与来访者共同协商,设置了有共识的心理咨询目标:在认知上,帮助小林认识自身的不合理信念,并通过理性情绪疗法改变其不理性信念。在生活上,帮助小林调整作息时间。在学习上,与小林探讨学习方法,共同制定复习计划,帮助小林掌握一定的考试技巧。

辅导的重点聚焦。经过层层深入探索后,咨询师发现了来访者的核心的非理性信念,即小林认为父母会因为他成绩不好而不喜欢他、不要他。这正是他一系列焦虑情绪产生的根源。咨询师也在辅导的过程中着力帮助小林纠正这一非理性想法。

咨询师可以改进的地方

本个案的咨询过程的介绍不是很清晰和完整。咨询师只是提到"制定一系列具体计划"。而具体的计划分为几步,每步是怎么做的,正是同行非常关注并有实践借鉴价值的。这些实际操作的过程,可以在案例报告中介绍得更加全面一些。

点评人:朱仲敏

上海市教育科学研究院副研究员

她再也不乱发脾气了

汤承红

国家二级心理咨询师、上海市中级学校心理咨询师,擅长使用沙盘游戏、绘画等疗法对儿童进行心理辅导。

晓琳,一年级女生,因情绪失控问题,家长感觉教育困难,希望得到心理老师的帮助,请班主任老师提前预约。

孩子哭闹妈妈就抱着哄劝

第一次见面,晓琳妈妈开口就说:"老师给您添麻烦了。实在是孩子现在的问题比较严重,我也不知道该怎么教育才好。"语速比较快,情绪明显比较焦虑。我给她倒了杯水,请她慢慢说。她喝口水,平静一下心情,向我介绍了她家的基本情况,她是全职妈妈,抚养两个孩子,晓琳和双胞胎弟弟。爸爸赚钱养家,工作繁忙,平时很少有时间陪孩子,是比较典型的严父。对于孩子的错误,爸爸以简单的打骂方式教育,孩子们都比较怕爸爸。而妈妈多以说服教育为主,从不打骂孩子,孩子也比较依赖妈妈。为了把孩子教育好,妈妈还买了不少家庭教育的相关资料进行学习。晓琳个性比较要强,喜欢与弟弟比较,希望处处占先。上幼儿园前,她没有表现出情绪问题。上幼儿园后,姐弟俩在一个班,弟弟比较懂事、听话,经常被老师表扬,而晓琳被老师表扬的次数不多,还经常被老师拿来与弟弟进行比较,情绪波动较大,生气发脾气的次数逐渐增多。因此,上小学时,家长主动申请把晓琳和弟弟分在不同班级,减少比较,希望晓琳长大了,能学会控制情绪。结果却不如人意,晓琳在班级也开始乱发脾气了。只要遇到不开心的事,不管上课还是下课,都会在教室里大吵大闹,甚至躺在地上哭喊翻滚。老师和同学都劝止不住,严重影响上课,对班集体建设造成不良影响。

随着交流的深入,我问晓琳妈妈,晓琳在家里情绪表现是怎样的?一般什么事会引起晓琳发脾气?晓琳妈妈说:"也没什么大事,多数时候都是她和弟弟一起玩,因为争夺玩具而起冲突。这时我会说'你们姐弟要谦让,姐姐要让着弟弟。'这时她就会哭着冲我喊,'凭什么我要让着他?为什么不让他让着点我?'感觉很委屈,认为我们偏袒弟弟。而且哭闹不停,需要安抚好长时间。有时也惹得我火大,但看过很多家庭教育的书都说不要打骂孩子,所以就一直忍着。心里也很憋屈,有时就冲她爸爸发火,过后又后悔。"当问到晓琳哭闹发脾气时,她是怎么教育的,妈妈说:"一般都是先把晓琳抱起来哄劝的。如果是因为妈妈做错了导致的,妈妈会主动向孩子认错、道歉。如果不是,也会先把孩子哄好了,再跟她讲道理,进行教育。可晓琳发脾气的次数不但没减少,反倒有增多的趋势。我不知道自己哪里做错了?"

听到这里,内行专业人士应该知道错在哪儿了吧!晓琳在家因情绪失控而哭闹的行为,给她带来妈妈抱、哄的益处,让她成为妈妈关注的中心,得到更多的母爱,从而获得安全感。当我把这个道理告诉晓琳妈妈时,得到了她的认同。找到问题的根源,我们一起讨论了晓琳的教育问题。

晓琳的主要问题是情绪烦恼,教育目标就是帮助晓琳学会控制情绪。教育措施以家校结合的方式进行。针对晓琳要强的个性特点,当她表现好时及时进行表扬鼓励。这时妈妈要以身体接触的方式表达自己的爱,让晓琳充分感受到。平时,尽量避免把晓琳与弟弟或其他孩子进行比较,而多与晓琳前期行为表现进行比较,让她看到自己的进步。当晓琳情绪失控哭闹时,要先进行冷处理,消除不良行为获益,使她主动地改变她的不良行为。

我与班主任和任课老师进行沟通,请他们在不影响上课的情况下,尽量忽略晓琳情绪失控的表现,减少负强化,对晓琳的批评教育要单独进行,保护晓琳的自尊心;如果晓琳偶尔控制住情绪了,要大力进行表扬鼓励,并以奖励为由,让她来开心屋接受个别辅导。

"我喜欢画画"

晓琳第一次来开心屋有点紧张,为消除她的紧张情绪,我先领她参观,并简单介绍开心屋各功能室,让她选择自己喜欢做的事。晓琳说:"我喜欢画画。"

于是,我把绘画需要的纸张和彩笔等递给她,并告诉她可以画在纸上,也可以画在白板上,还可以给《神秘花园》里的画涂色。晓琳对《神秘花园》很感兴趣,她翻开一页页看过后,选择了一个生日蛋糕,拿起笔进行涂色。晓琳涂得非常仔细,尽量不让颜色出格,而且每层选择不同颜色,遇到蛋糕上的不同图案,还涂上不同的颜色,颜色搭配也很合理,注意力很集中。我只是耐心陪伴她,及时表扬她做得好的地方。晓琳渐渐放松下来,开心的笑容浮现在脸上。

时间过得很快,当晓琳把最下面的两层涂好时,就要上课了。我告诉晓琳,如果她表现好,下次还有机会来开心屋玩。晓琳高兴地答应了。

"我成绩进步了"

晓琳刚进门,就大声告诉我:"老师,我成绩进步了,这次数学考了98分,全班第一。老师奖励我来开心屋玩。"说着,直接走进放松室,拿起绘本开始给蛋糕涂色,选的颜色以暖色调为主,更加明亮。一边涂色一边跟我聊天,把最近发生的开心的事告诉我。我们一起度过了一个轻松愉快的中午。

之后,晓琳有两周没来。一天,开心屋刚刚开放,王老师就带着晓琳来了。王老师告诉我,晓琳最近对情绪控制有了明显的进步,上课听讲更认真了,成绩也有了进步。而且家长反馈,她在家里也有改进,乱发脾气的次数明显减少。但今天上午传本子时,后面的同学拍了她一下,催她快点传,她感觉被欺负了,于是动手打回去,现在她已经认识到自己错了。老师奖励她来开心屋玩。(王老师暗示她的负面情绪没有发泄出去,心情不好。)

这回晓琳主动拿起水笔到白板上画画。一边画,一边讲故事。

第一个故事是一个送外卖的人,把东西送到了鬼屋,她告诉我们看着像的东西,不一定是真的。晓琳边画,边问:"鬼屋里有什么?"自己回答:"有老鼠,有蝙蝠,蝙蝠很少见,会吸血(但蝙蝠没有画)。""还有蜘蛛,蜘蛛厉害能吃老鼠。"然后,全部擦掉。

开始画第二幅画,讲第二个故事:"一个彩屋,有个人看见了眼馋地流口水,跑进去看,里面有个传送阵,把他传送到大街上,他哭死了。"

我马上就问:"为什么哭呢?"

晓琳说:"因为他想进彩屋里看看,结果被传送到大街上了。"

我说:"如果我是那个人,我会说'你见过彩屋吗?我见过,我还进去了呢!里面有个传送阵,你没坐过吧?我坐过,我真开心!'"

这简单的几句话,得到她的认可,于是,她把画的结尾改了,还写上"哈哈哈!"晓琳的心情一下子由阴转晴了。这时,我提醒晓琳,平时遇到问题,我们可以换个角度看,结果就不一样。

"谢谢您,老师!"

转眼两个多月过去了,在一次放学时,看见晓琳妈妈,她面带笑容,快步走过来说:"谢谢您,老师!在您的帮助下晓琳进步很大,现在和弟弟的关系也好多了,平时有了新玩具会和弟弟一起玩,有时还让着弟弟。与同学关系也好了,在班干部改选时,她被同学们评选为小队长,而且和中队委只差两票。如果在学校遇到不开心的事,她会主动告诉我,不再乱发脾气了。"我看着晓琳牵着妈妈的手,依靠在妈妈身边幸福的表情,我也为她高兴。

咨询师思考

从我接触的咨询案例中,存在情绪困扰的孩子很多。他们一般个性都比较要强,以自我为中心,希望获得家长和老师的关爱,但他们的同伴关系一般比较差。晓琳就是这样的一个典型。表面上看,她的问题是因为一些不如意的事而乱发脾气,不会控制自己的情绪,但表面症状的背后,却有着深层次的心理问题:自卑、缺乏安全感、人际关系差等。情绪失控是与弟弟比较开始的,弟弟听话、懂事,获得表扬多,这让晓琳感觉自己不如弟弟,产生自卑心理。这使她更怕失去妈妈的爱,没有安全感。恰好通过大哭大闹得到妈妈的爱而获益,导致该行为不减反增。在人际交往中,她以自我为中心,认为自己是对的,同学都应该听她的,因此,人际关系较差,没有好朋友,遇到不开心的事,没有倾诉对象。而晓琳年龄也比较小,情绪波动比较大,不会控制情绪。在辅导中,我请老师和家长配合,关注晓琳的每一次小进步,及时给予她肯定和鼓励,帮助她树立信心,一步步融入集体,最终解决问题。

辅导方法:在辅导过程中,我采用人本主义的"来访者为中心"的辅导方法,用耐心陪伴,关注、倾听、肯定与表扬鼓励的方法,为她营造一个轻松愉快的氛围,用认知领悟的方法帮助她学会换个角度看问题,学会控制情绪的方法。

咨询感受:学校心理辅导中,家校结合,针对孩子的心理问题共同改进教育方法,在帮助孩子解决心理问题的同时,我们老师和家长都在共同进步。而作为心理老师的我,感受最深刻的是心理辅导中,起关键作用的往往不是心理咨询的理论知识或方法,而是良好的咨访关系的建立,尤其是年龄小的孩子,要学会陪伴孩子在开心的游戏中学会健康成长。而作为家长,我们要学会对孩子表达无条件的爱,不要因我们表达的不当,让孩子曲解父爱母爱是有条件的,为了能得到父母的爱,而导致他们出现各种心理问题。只有家长先改变了自己的教育方式方法,站在孩子的角度理解孩子,孩子自然会改变。

督导点评

这是一个一年级学生情绪困扰的辅导案例。晓琳由于在学校及家中的情绪失控表现,让母亲非常担心,前来心理咨询室求助。咨询师通过访谈,从家庭关系入手找到晓琳情绪困扰的症结。通过指导家庭教育、学校课堂策略及人本主义辅导方法等帮助晓琳走出情绪困扰。相比幼儿期,小学阶段学生在情绪的理解、表达及调控方面有了长足的发展。尤其一至三年级,情绪发展水平最快;三年级以后进入情绪稳定发展期。本案例中,辅导对象为一年级学生,仍处于小学情绪发展初始时期,自我情绪调控能力相对较弱;如果辅导时间为新入学(个案报告中未明确呈现),则还存在一个幼小适应的关键问题。

咨询师值得借鉴的地方

1. 运用家庭治疗理论,从家庭关系视角初步假设与分析个案的问题根源。

第一次前来求助的是个案的母亲,咨询师在访谈中了解了个案的家庭基本情况、家庭教养方式、主要家庭成员的互动方式。追溯了案主的情绪问题时间起源、高发情况及家庭处理方式。对个案的情绪问题,从家庭关系的视角做了初步假设与分析:(1)情绪问题起源于和弟弟之间的竞争与比较;(2)情绪失控后带来的母亲关注、抚慰与安全感,强化了这种情绪问题。

相信咨询师做出这样的假设与分析,基础想法可能有二:一是求助者是母亲,从家庭入手,较为容易;二是案主为一年级的学生(年龄特点、入学时间不久,无明显学校应激事件),家庭的影响要远远高于其他因素。

对于一个学校咨询师而言,在信息不足或短期咨询的情况下,为个案做初步假设与分析是非常重要的。这些假设为咨询师提供了对其行为改变的可能解释,为之后形成个案概念化,提供了方向与依据。当然在之后的咨询过程中,仍然需要不断的收集信息与不断的评估,以进一步印证初步假设与分析的正确性。

2. 指导任课教师及家长进行家校合作行为干预。

对于晓琳的情绪控制,咨询师建议家长通过及时表扬与鼓励反馈孩子的情绪表现。通过以身体接触的方式表达自己的爱,强化正向情感体验。尽量避免与弟弟或其他孩子进行比较,减少刺激源。"当晓琳情绪失控哭闹时,要先进行冷处理,消除不良行为获益",减少负强化。

同时,咨询师建议班主任和任课老师,课堂上"尽量忽略晓琳情绪失控的表现,减少负强化,对晓琳的批评教育要单独进行,保护晓琳的自尊心""如果晓琳偶尔控制住情绪了,要大力进行表扬鼓励……"

对于低年级的学生,行为干预的效果要好于认知干预,通过减少情绪失控而产生的不良行为获益,以阻断情绪失控—得益的不良循环,并及时对情绪控制的行为进行表扬、鼓励、正强化。多看到孩子的闪光点,多表达对孩子的正向情感。同时在批评时,注意保护孩子的自尊心,注意方式与方法。

3. 及时疏解不良情绪,艺术性的表达引导孩子走出不合理认知。

对于有情绪困扰的孩子而言,及时的不良情绪疏导非常必要。咨询师将来咨询室解释为一种对案主的奖励行为。将案主来咨询室行为与正向的认知体验相连。并敏感地抓住孩子喜欢画画的兴趣,允许孩子在咨询室涂色与绘画,在绘画中放松心情、疏解情绪,聊聊学习生活与绘画中的故事。并在绘画故事中,潜移默化地进行认知调整,达到了非常好的效果。

咨询师需要改进的地方

1. 作为情绪困扰个案,咨询师在初次与母亲进行访谈,并有初步假设分析后,需要进一步做更为详细的资料收集与评估,包括学生学习情况、人际交往情况、学校学业表现、个案情绪(焦虑、抑郁等)状况评测等,以确定该情绪困扰问题,属于一般性心理问题还是情绪障碍问题。

2. 该个案为一年级新生,情绪困扰起于姐弟对比,但在一年级分班以后,问题没有减弱,反而强化。咨询师可以就其中的逻辑进行进一步思考。与此同时,一年级作为起始入学阶段,孩子的入学适应问题,也应该是咨询师考量的一个重要方面。

3. 学校咨询师,也可以在个别咨询的基础上,通过心理辅导课、团体辅导等方式,帮助案主学习:如何理解情绪与控制情绪的基础知识,以达到事半功倍的效果。

点评人:杭　艺

教心学科高级教师、江宁学校(全国心理特色校)心理辅导教师、普陀区教心高级指导教师

我和蜜蜂的故事

葛 瑶

毕业于华东师范大学应用心理学系，多年从事学校心理健康教育工作，实践经验丰富，擅长认知行为疗法和焦点解决短期心理咨询。

儿童恐惧障碍是儿童心理发展过程中普遍存在的一种情绪体验，是儿童对周围客观事物一种正常的心理反应，也是儿童期最常见的一种心理现象。恐惧的内容反映了儿童所处环境特点及年龄发展阶段的特点，如儿童从 3 岁起开始对动物产生恐惧，如怕猫、狗、蛇等。有研究表明，儿童恐惧在一周内消失的占 6%，在 3 个月内消失的占 54%，在一年内可几乎全部消失，当然也有消失的时间要长一些的。总之，许多恐惧

不经过处理,随着年龄增长均会自行消失。

对恐惧障碍儿童的咨询,首先要了解引起儿童产生恐惧障碍的原因,然后有针对性地进行治疗,做好接纳、倾听和陪伴的工作。

让我突然想起你

上二年级的小李同学平时喜欢轮滑,喜欢看书,思维非常活跃,脑子里总会出现很多"为什么"。正因为他有不少解不开的谜,所以他主动找我寻求解决。在一次自然课上,讲到菜粉蝶的一生后,他来向我求助,说自己很怕蜜蜂。一看到蜜蜂就会尖叫,浑身起鸡皮疙瘩,立刻逃跑。

原来你是那么可爱

放松训练后,我让小李看了一些蜜蜂可爱造型的照片(见下图1—4),有卡通造型的蜜蜂在采蜜;有以蜜蜂为造型的名片夹;有穿在婴儿和玩具小狗身上的蜜蜂黄黑花纹的衣服。每张图让他看的时间大约为30秒—1分钟,给他一个适应过程,当他示意可以看下一张的时候,切换下一张图片。

图1

图2

图3　　　　　　图4

咨询师:"这只蜜蜂在干什么?"(图1)

小李:"在采蜜。"

咨询师:"它为什么要采蜜?"

小李:"它要酿蜂蜜。"

咨询师:"是呀,它为人类采蜜。我们喝的蜂蜜可全靠它们了。蜜蜂可是人类的好朋友、好帮手啊!它们天天都很忙碌,是勤劳者的象征。"

看完这些照片,小李表示蜜蜂还是挺可爱的。

在看图过程中,小李表现得轻松自如,显然对卡通蜜蜂并不害怕。我要求他对每张图片的蜜蜂都进行抚摸,他都能做到。通过这个环节,让小李感受到了蜜蜂也有可爱、亲切、受人欢迎的一面,并不是不可接近的昆虫,为下次面谈建立新的信念想法做了铺垫。

咨询结束后,我送给小李一张微笑着的卡通蜜蜂图片,要求他放在家里看得到的地方。(见图5)

图5

原来你又是那么可怜

放松训练后,我和小李一起看了科普书上有关蜜蜂毒针的知识。当我们读到"发育不完全的雌性蜜蜂,就是工蜂,刺人的那个'刺'其实是发育未完全的产卵器。因为发育未完全,所以刺人后就会连同它的内脏一起都留在被刺者身上,没有内脏的工蜂会死。至于蜂王,产卵器发育完全,刺人后不会有事。但是蜂王一生中用它攻击敌人的情况几乎没有,除非是刚孵化时与其他蜂王竞争时的决斗,这也只是蜜蜂之间的争斗。雄峰是没有刺的,因为它根本就没有产卵器。"看到这里,小李表现出惊讶的神情,"原来蜜蜂蜇完人后,自己会死的呀!"顿时表现出对蜜蜂的同情。

咨询师:"那你现在对蜜蜂有了什么新的认识吗?"

小李:"我觉得蜜蜂有时还是挺可爱的,还为我们采蜜;有时也蛮可怜的,因为它们蜇完人后,自己也会死的。蜜蜂没有我以前认为的那么可怕和厉害了。"

看来,他对蜜蜂的印象好了很多。通过重新认识蜜蜂,小李知道了蜜蜂毒针的真正秘密,所以能够正确全面地看待蜜蜂。

咨询师:"现在你对蜜蜂蜇人这件事又是怎么想的呢?"

小李:"还是有点可怕,最好不要蜇我,但是觉得蜜蜂也很可怜,它蜇完人后自己也会死的。"

的确,因为蜜蜂蜇人的代价太高了,是用自己的生命换来的,所以它们不轻易蜇人。而且不是所有的蜜蜂都有蜇人的本事。小李在电视里看到一群蜜蜂把人蜇得满身红肿的这件事是发生在野外,在上海他也没有看到过蜜蜂蜇人。

我们生活在大城市里,碰到蜜蜂的机会很少,小李也只不过碰到一次而已,而且就只有两只蜜蜂。蜜蜂一蜇人就会把自己的内脏带出体外,就会死,所以它们最多只能蜇人一次。就算蜇了人,只要我们及时去医院处理一下就没问题了。蜜蜂蜇人的概率很小,在城市里被蜜蜂蜇的机会就更小了。

我请小李回家后继续收集蜜蜂的资料,全面客观了解蜜蜂的知识。

原来你并不可怕

小李画了一只非常可爱、露出灿烂微笑的蜜蜂(见图6)。

蜜蜂的触角、蜜蜂身上特有的黄黑条纹、蜜蜂尾部的"刺"这些特点都画出来了。而就是这根刺引起了我的注意,看着与整个蜜蜂极其不协调——特别长。实际上蜜蜂尾

图6

部的"刺"不仔细看,根本就看不出来。他为什么会夸大并突出这个"刺"呢?小李表示"刺"是会扎人的,他为了突出这一信息,在潜意识中把刺画长了。

咨询师:"在现实生活中,蜜蜂本来就是很小的昆虫,尾部的'刺'也是很难被人发现的,我们可以怎么修改才能使这只蜜蜂看上去协调一点呢?"

小李认为"刺"短一点就好了。于是我给了他一把剪刀,他把"刺"剪了,只剩下一点点,看着自己的作品,他也露出了笑容。

(见图7)

这只蜜蜂非常阳光、友善、亲切,在这幅画中反映的是小李对蜜蜂的重新认识,不觉得它可怕而且厉害,但对蜜蜂蜇人显然还是有点顾虑,尽管后来他非常乐意把毒针剪短。

图7

我尝到了你的甜蜜

我请小李喝一杯蜂蜜,随着音乐放松心情,同时感受蜜蜂就在我们身边,离我们很近,但并不可怕。随后给他看了蜜蜂标本,上次面谈中我已经事先跟他说过要看标本,他表示能接受。他能拿着蜜蜂标本仔细看着,表现出浓厚兴趣,并无恐惧情绪的出现。

原先小李连书上的蜜蜂都不敢摸,现在敢拿蜜蜂标本了,从这点看是进步了,并且对蜜蜂有了更全面客观的了解。

咨询师思考

评估分析

小李对蜜蜂产生的恐惧障碍心理主要来自媒体。他看到电视里一个人在野外被一群蜜蜂蜇了而动弹不得,全身肿起来,非常恶心。那可怕的一幕深深地留在他脑海里,导致日后他一看到蜜蜂就害怕。对蜜蜂的害怕更因为它尾部有毒腺及螫针。蜜蜂的毒针让小李恐惧,想到了全身红肿,不能动弹,甚至会要人性命,从而产生恐惧之情。小李对蜜蜂的认识是片面的,对蜜蜂毒针的理解是绝对的,存有非理性的想法。

鉴于以上咨询情况的描述,初步确认小李同学由于观看了超乎寻常的电视内容而引起的动物恐惧障碍。

咨询感受

1. 关系的建立

在关系的建立上我花了不少时间。小李是个非常好问的学生,他会非常主动地要求预约,对心理咨询充满好奇。这个问题的呈现并不是在我们第一次见面时提到的。之前的两次面谈都是关于学习上的小问题和人际关系上的小摩擦,我都以非常亲切、耐心倾听的态度和他一起解决了问题。有了这么良好的信任关系,到了第三次他才把自己的秘密告诉了我。

2. 目标的制定

在我和小李相互沟通的基础上,我们达成的总目标是减轻对蜜蜂的恐惧。

第一次面谈目标:放松训练。教会小李在遇到蜜蜂时学会放松,调节情绪。

第二次面谈目标:行为疗法。循序渐进地消除小李的恐惧心理和行为,先用轻微的较弱的刺激,然后逐渐增强刺激的强度,让他逐渐适应,最后达到消除恐惧障碍的目的。我先让小李看一些蜜蜂的照片,这些照片上的蜜蜂不是我们生活中真实的蜜蜂,而是人们通过电脑或绘画画出的卡通蜜蜂的形象,让小李感受蜜蜂的可爱和亲切,能够伸手去抚摸它们,达到第一分目标。

第三次面谈目标:认知疗法。通过书本上的科普知识让小李知道其实蜜蜂的毒刺没他想象的那么可怕,能致人命的概率微乎其微,利用合理情绪治疗的方法帮助他建立新的情绪及行为方式,达到第二分目标。

第四次面谈目标:让小李画出他心目中蜜蜂的样子。从画中看蜜蜂的形象是可爱的还是可怕的,如果能画出一个可爱的蜜蜂,那么第三分目标即达到。以此为依据制定下一次面谈的目标。

第五次面谈目标:喝蜂蜜听音乐,放松之后,看蜜蜂标本。

几次面谈结束,小李对蜜蜂有了更全面客观的了解,对蜜蜂的恐惧也降低了很多。

3. 提升的空间

因为是第一次尝试恐惧障碍的咨询,在咨询技术方面会出现不成熟的表现。我本着学习、实践、探索、反思的态度,希望能更好地在这方面积累经验。

督导点评

这是一位看到蜜蜂浑身就会起鸡皮疙瘩、尖叫逃跑的二年级学生,他对蜜蜂的恐惧,是源于在媒体中看见他人被蛰后全身红肿、痛苦难忍,而非自己的亲身体验,是间接获得、习得而来的一种恐惧,被称为"习得性恐惧",即杏仁核神经元能学会对与痛苦有关的刺激做出反应,经过学习,这类刺激会引起恐惧性的条件反射。

葛老师对学生进行了深入细致的了解与分析后,先采用倾听、共情和理解等技术,与学生建立起相互信任的咨访关系;之后,在帮助学生放松的基础上,运用了系统脱敏疗法:"看"可爱的蜜蜂造型照片、"聊"蜜蜂的勤劳和蜜蜂蜇人后可怜的结局,"摸"图片上的蜜蜂、"画"蜜蜂、"喝"蜂蜜。学生通过脱敏辅导,逐渐减轻了对蜜蜂的恐惧,并对蜜蜂蜇人这事有了比较客观的认识:蜜蜂蜇人的概率很低,它其实不喜欢蜇人,因为这是一种同归于尽的做法。它只有在受到刺激的情况下才会蜇人,如看见黑色的东西,嗅到酒、葱、蒜等特殊气味,若真的被蜜蜂蜇了,及时去医院处理一下就没问题了,紧急情况下也可以用肥皂水清洗,再用食醋涂抹。

葛老师在辅导过程中深入细致的工作态度和娴熟运用辅导技术的能力,值得我们学习。

点评人:张　珏

奉贤区未成年人心理健康辅导中心主任,奉贤区名教师

无与"伦"比

施 敏

擅长青少年心理辅导，个人成长，抑郁、焦虑等情绪困扰咨询，善于和来访者建立关系，使之在轻松合作的情景下探索新的思考和行为的方式。

在外人看来，阿伦就是传说中的"别人家的孩子"。在幼儿园时，其他孩子还在流着鼻涕玩过家家，他已经安静地坐在小椅子上算两位数加减，阿伦父母惊喜地意识到自家的宝贝认知和接受能力远远高于同龄孩子，理所当然地认为优秀的种子也要精心栽培，才能发芽结果，于是，阿伦周末就轮番在各种培训班流转,阿伦不负众望地考入心仪的私立学校。由于一直严于律己,学习上刻苦努力,所以阿伦的学习成绩一直名列前茅。平时的他喜欢研究三角函数,爱看《资治通鉴》和《史记》,最大的愿望成为天体物理学家。

不断升级的"小情绪"

要说有什么不如愿的,就是阿伦在学校成绩稍不如意就会闹情绪,但是拥有"别人家的孩子"光环的阿伦一直得到大家的宽容和体谅。

可是到了四年级,阿伦这些情绪越来越频繁,阿伦妈妈被老师每天的"告状"电话弄得焦虑不安,神经紧张。数学考试成绩没有到前5名,阿伦就跪在地上抱着老师大腿哭,惹得同学们哄堂大笑;体育课上,由于不会跳绳打球,阿伦被同学说了句"这也不会",就号啕大哭,谁都劝不住;午休的时候,同学说了句书呆子,阿伦就在走廊上哭得不能停歇,"惊动"了楼上的校长特地安慰,也无济于事;出操的时候,同学关心地问了句他眼睛红是不是刚哭过,他立马就在全校师生面前大哭大闹,说别人讽刺他。

阿伦到底怎么了?

父 母 的 顾 虑

阿伦妈妈终于无法忍受这份每天心惊胆战地等着电话铃声响起的煎熬,接受了班主任提出阿伦需要接受专业心理辅导的建议,给我们徐汇区未成年人心理辅导中心打来电话,希望能够得到专业的帮助!

当阿伦母子刚进心理辅导室时,我明显可以感觉到母亲心急如焚又忐忑不安的状态,她在辅导室缓缓坐下,布满血丝的眼睛暗示她缺少睡眠。期盼的眼神、较快的语速、欲言又止的犹豫,让我明白了她的"顾虑"。从接待员电话记录中,我了解到这是他们第一次接受心理辅导,由于很多孩子都是被学校老师"推荐"来中心,所以来这里的家长会有很多"顾虑",例如咨询是否会被档案记录在册,是否会影响到以后升学考试,是否对孩子心理产生阴影等。我曾接触了一些孩子家长因为这些"顾虑",不愿意来中心或者去咨询,接受针对性的心理专业辅导,错过了最佳心理康复期。只有打消这些顾虑,取得家长的信任和支持,才能保证孩子能正常接受心理辅导。于是我便先耐心而简要地向他们介绍了徐汇区未成年人心理辅导中心的性质、范围、保密原则以及双方的责任、权利和义务。听完之后,阿伦妈妈终于舒展了紧锁的眉头,下意识地安心地轻点了下头。

接下来便是一阵沉默。

用沙盘打开沉默

从踏进心理辅导室那一刻起,阿伦始终安静地坐在椅子上,听着我和他妈妈的对话,圆圆的脸上露出与年龄不相符的沉默。当一切安静下来,他不安又好奇地望着我们,阿伦妈妈不好意思地轻轻咳了下,脸上露出不好意思的笑容。阿伦继续保持沉默。我没有说话,只是微笑着用发自内心的目光看着他们。

阿伦妈妈摇摇头,无奈地开始述说具体情况,阿伦父亲是国企领导,母亲是外文社编辑,阿伦从小受到比较严格的教育,也养成了对自己高要求的习惯。平时大家对阿伦寄予了很高的期望。可最近阿伦出现了很多反常现象,学习效率明显下降,考试成绩也一次不如一次。老师和家长一开始还是给予了他关心和安慰,但这种状况并没有改善,反而愈演愈烈,并且严重影响了他的情绪,以致他经常会大哭和发脾气,常为一些小事在班上大声争吵哭闹,不能控制情绪,开始有意地逃避上学,不愿意去学校。

当阿伦妈妈诉说时,我发现阿伦的眼睛始终盯着大门,我悄悄地问阿伦,有啥好看的,叮当姐姐能瞧瞧吗?阿伦拘谨地低下头,阿伦妈妈急忙解释,刚去隔壁办公室登记时候,阿伦看到旁边房间的沙子,就一直嚷嚷着想玩。我豁然开朗,阿伦说的沙子是心理沙盘,小学生最喜欢用游戏的方式来做心理辅导。据我观察,这源于很多学生表达不出或不愿意表达内心心理问题,但是若换一种咨询方式,换成他们最擅长的游戏形式来进行心理辅导就能有效沟通。让学生通过游戏方式"说"出自己的心理问题,效果十分显著!

在我的指引下,阿伦用沙盘把当时在学校发生的哭闹情景用游戏的方式摆了出来,同时对我也放下了阻抗,开心地分享了自己的小秘密和好朋友。

这种被父母带来中心的孩子很多,他们很多并非出于自己意愿,因此会对辅导老师产生阻抗,有时过分的热情反而增加他们的反感,所以我会选择等待,在和学生建立信任的咨访关系后,在放松状态时(例如游戏方式中)捕捉许多有价值的信息。这些信息甚至可以成为心理辅导的判断依据,这也是我不主动询问,只是全神贯注等待契机的原因。

清风徐徐,步步指引

在沙盘上,阿伦重现在出操时被同学耻笑大哭而趴在操场上的情景。

我:"阿伦,这个小人为什么趴在操场上?"

伦:"难过呗。"

我:"怎么了?"

伦:"小人又没哭,同学们冤枉他眼睛红是刚哭过!"

我:"小人很在乎同学们的想法哦!"

伦:……

我:"昨天我把眼睛揉红,我爸爸还问我怎么回事,我怎么没想到他是笑我刚哭过呢,我只以为是我爸爸关心我哪里不舒服了!"

伦:……

我:"那小人现在趴在那里想什么?"

伦:"想到昨天考试没考好,难过!"

我:"小人趴在那里怎么老想不开心的事,有没有想过让他开心的事?"

伦:"想不起来,能想起来的都是不开心的事。"

我:"小人不开心的时候除了趴在那里,还做些什么?"

伦:"有时想想,就会哭,越想就越想哭,根本停不下来。"

…………

在沙盘上,代表阿伦的是超人,操场外面是一圈篱笆,整个操场只有他一个人,没完没了的作业、补习班,没意思透了,这小人是孤独而悲伤的。

第一次心理辅导后,和阿伦及家长制定了以下心理辅导方案:

1. 转化积极思维,专注自我

为了扭转阿伦原来的思维,变为积极的思维,我要求阿伦训练:

将行为和人区分开来。尽管你会做出一些不能令自己满意的事,但是你并不愚蠢。诚如尽管你可能做过什么不好的事,但是你并不坏一样。要为你所做的好事情表扬自己,当你无法发现值得表扬的事情时,你也要为曾努力去做过而表扬自己,至少要将你的10个积极的特点和行为方式列在纸上。这些特点和行为方式也不必是与众不同的。每天通读一遍这张表,再随时添上新特点。

2. 适当教会孩子学会面对挫折,不能一味逃避,或者用大哭大闹负面情绪来解决问题。家长方面,首先,不要把自己不切实际的期望和要求强加于孩子身上,过高的期望可能会使孩子产生无助、沮丧、焦虑的感觉。家长要尊重孩子的意愿和能力,在课外补习的同时,也可以尊重孩子的兴趣,例如乐高、武术、游泳。

3. 父母要注意营造温馨、融洽的家庭气氛,开展良好的亲子沟通,给孩子更多的心理安全感。建议父亲多花时间陪伴儿子进行体育运动类活动,适当的亲子活动有助于增加父子之间的亲情,同时也能缓解焦虑情绪产生的压力。还能弥补孩子在校因体育活动不协调而受同学的嘲笑。

4. 若实在想发泄,可以将哭闹等负面的话语用文字记录下来,用黑笔涂黑,再把它当作垃圾扔掉。在学校如果情绪失控,是否可以请老师给他一个单独空间进行情绪发泄。

5. 做《观察记录表》,记录每天开心的事,培养积极乐观的心态。观察期从3月20日开学到4月20日一个月,做详细记录。

6. 学会自己控制情绪,每当难过的时候,想想每天记录开心的事来激励自己。

7. 放松训练,每次想哭的时候,深呼吸,让自己平静下来,用积极的心态暗示自己。

阿伦的观察记录表

	周一 3月20日	周二 3月21日	周三 3月22日	周四 3月23日	周五 3月24日	周六 3月25日	周日 3月26日
哭儿次	1	0	0	0	0	0	0
原因	因为犯错，担心妈妈会知道；伤心	0	0	0	0	0	0
开心事情	1.公开课表现好；2.喝酸奶；3.一早找到失去的手环	全班数学只有2人做对一题，我是其中之一	去陆老师那边刷分（一定要记录的伤心事情：体育课因为被同学破坏不能上）	下周一春游	1.周一春游；2.游泳了	吃了手撕面包	1.明天春游；2.考试第一个交卷

	周一 3月27日	周二 3月28日	周三 3月29日	周四 3月30日	周五 3月31日	周六 4月1日	周日 4月2日
哭儿次	0	0	0	0	0	0	0
原因	0	0	0	0	0	0	0
开心事情	春游	自己做手抓饼	吃病号餐	很快放假	作业很少	放假啦	正式放假

(续表)

	周一	周二	周三	周四	周五	周六	周日
	4月3日	4月4日	4月5日	4月6日	4月7日	4月8日	4月9日
哭儿次	0	0	0	未记录	未记录	未记录	未记录
原因	0	0	0				
开心事情	吃自己煮的饺子	去中华艺术宫和博物馆	常识课显微镜前三				

	周一	周二	周三	周四	周五	周六	周日
	4月10日	4月11日	4月12日	4月13日	4月14日	4月15日	4月16日
哭儿次	5	0	1	1	0	0	未记录
原因	考试未考好，小声哭	0	因为觉得自己不够好，被同学用手反打，反被老师骂	感觉没有考好	0	0	
开心事情	订正很快	没有作业	语文感觉好	明天最后一场考试（搞笑事：有同学因为唱歌难听被找家长）	考完了	看快乐大本营	

续表

	周一 4月17日	周二 4月18日	周三 4月19日	周四 4月20日	周五 4月21日	周六 4月22日	周日 4月23日
哭几次	0	0	1	0	0	未记录	未记录
原因			考试结果不好哭了				
开心事情	体育课去篮球馆	下午均副课	乐高课很开心,好像满分	拔河比赛班级第一			

用每天记录开心的事培养积极信念和心态来代替负面情绪,每天尽量找1—3件让自己开心的事记录下来,不开心或者哭闹可以记录次数,不记录原因。

一 笑 而 过

一个学期过去了,在几次心理辅导后,阿伦带着微笑再次来到我的心理室,整个人充满阳光和朝气,期末他考进了前三名,学校情绪稳定,不再哭闹,交到了新的朋友,得到了老师和同学的认可。

回去后,他妈妈把来时路上的一段对话发给了我。

妈:"你感觉自己最近有什么变化吗?"

伦:"有。"

妈:"哪些变化?"

伦:"嗯……"

妈:"是不是开心的事越来越多了?"

伦:"是的。"

妈:"如果叮当老师问你,遇到了不开心的事,现在怎么处理?"

伦:一笑而过。

妈:……

妈:"不管是不是真的可以一笑而过,你的这种状态非常帅、非常潇洒、值得赞美!"

咨询师思考

经过一个学期的努力,阿伦的情况慢慢变好了。从学期初,屡次违反班规校规,到不顾场合大哭大闹;到期中违纪情况有所收敛,甚至有所改善。虽然也会出现情绪失控现象,但和学期初相比已有很大改观。情绪稳定,调整心态后阿伦的学习优势逐渐明显,三科都能保持在90分左右。尤其是数学这科的成绩,稳居班级前三,他为此成为了数学老师的"得意门生"。在人际交往方面,阿伦已能做到与同学和睦相处,偶尔有小摩擦、小争执,他也能坦然处之,不放在心上。

每个学生内心蕴藏着积极的资源,心理辅导的艺术就在于如何开发这些资源,化学生的消极信念为积极信念。

用徐徐清风吹散眼前的阴霾,用积极阳光温暖心中那片天空!

督导点评

这是一个小学生情绪辅导的个案,咨询师用其耐心、接纳、尊重建立了良好的咨访关系。在咨询的过程中,运用"沙盘"游戏了解当事学生的内心世界;通过心理教育、放松训练、行为观察的方法,帮助当事学生学习调解情绪、面对挫折;关注当事学生的家庭教育指导,为当事学生的问题解决与健康成长提供有效的支持系统。从个案的情绪、同学关系、学业成绩来看,取得了明显的辅导效果。

咨询师值得肯定的地方

为了消除家长对心理咨询的种种"顾虑",咨询师耐心地向来访者介绍徐汇区未成年人心理辅导中心的性质与工作职责、心理咨询的保密原则以及双方的权利和义务,取得了家长的信任和支持,保障了咨询的效果。

咨询师敏锐捕捉当事学生的"小心思",结合小学生的心理特点,让当事学生用"沙盘"投射呈现他的学校生活事件,"说"出自己的所思所感,取得了不错的效果。

咨询师非常重视建立和维护咨访关系,没有为了急于帮助来访者而加快咨询的节奏,获得了来访者的信任,保障了咨询的效果。

咨询师可以改进的地方

"别人家的孩子"阿伦与其他的学生一样,有其优势和短板。阿伦的内心是敏感脆弱的:"数学考试成绩没有到前5名,就跪在地上抱着老师的大腿哭""不会跳绳打球,同学说了句这也不会,就号啕大哭""午休的时候被同学说书呆子,就哭得不能停歇"等,无疑在告诉我们:阿伦不能接受成绩的不如意和自己的不完美。那么,阿伦是如何看待成绩的?如何看待自己的?父母是如何看待成绩的?他们对阿伦的"严格教育"具体指的是什么?阿伦的"考试成绩一次不如一次"和他的情绪问题是突然发生的吗?诱发的事件和原因是什么?咨询师在个案咨询的过程中,需要对上述问题有清晰的了解和梳理,进而评估来访者的问题,确立咨询目标,进行辅导干预。

《观察记录表》只要求来访者记录每天的开心事件,而不是呈现真实的心理状态、不评估相应的情绪,这么做的原因与理论依据是什么?需要加以说明。另外,对个案咨询的成功与不足之处,咨询师可以作进一步的反思和总结。

点评人:曹凤莲

上海市风华中学心理健康教育中心主任、上海市静安区高中心理学科带头人、上海市中小学心理辅导协会副秘书长,华东师范大学兼职导师

同伴交往篇

动手打跑的友谊

冯丹莲

学校心理咨询师,擅长青少年心理辅导,主张通过"故事叙说""问题外化"等方法鼓励人们重塑自己的生活,使人变得更自主、更有动力。

小学生正处在心理和行为发展的关键期,社会生活圈子有限,导致一起学习的同学、老师和家人成为他们主要的交往对象。他们渴望和同龄人交往,但往往方法不得要领,反而让友谊蒙上了一层阴影。本案例中的来访者小刘在和同学交往过程中,用了他表弟喜欢的交往方式,但同学们对此十分厌恶,这是为什么呢?

"老师,同学们这是怎么了?"

周三的中午,我正在心理辅导室整理资料,隐约感觉屋外有个人影在徘徊。可当我跑到屋外,发现屋外并没人,于是我又接着手头的事情。许久之后,徘徊的人影好像再度出现,这次我并没有马上走到屋外查看,而是继续做我自己的事。"老师,我有个问题能和你聊聊吗?!"于是,他,映入了我的眼帘,一个胖嘟嘟的小男孩。"可以,请进吧!"我放下手头还未整理好的工作,请他进来坐下,看见他额头出了些微汗,我递给了他一盒纸巾。他仔细打量起四周的环境,开始变得沉默,不管我怎么问都无济于事,他始终低垂着头。一种直觉告诉我,他一定遇到了什么事。

5分钟,10分钟……就这样,时间嘀嗒嘀嗒很快就过去了,"丁零零"一阵急促的响铃声把我们拉回了现实,午休时间结束。小刘起身站了起来,正当我以为这次访谈就这么不了了之时,忽然,他问了我一个问题:"老师,我告诉你的事,你会替我保密吗?""当然,我是心理老师,要遵循保密原则。"我马上回应他道。原本早已起身的小刘再次坐回了沙发上,"老师,同学们这是怎么了?"

据小刘反映,他所在班级中的同学都躲着他,下课也没人愿意和他玩,而当他去找同学玩的时候,也没人愿搭理他。尤其在他主动示好别人的时候,别人根本不领情,甚至还会找老师告状,搞得他现在很郁闷,都不知道该如何自处,也不知道同学们是怎么了,为什么会疏远他。

"小刘,最近是不是发生过什么事?"我问。

"最近?好像没有。"一阵沉默之后,"暑假好像有件事。"小刘点了点头。

一场美丽的错误

经过和小刘的第一次面谈,以及事后从他的老师、同学眼中对他的评价,我逐渐对这个胖胖的男孩印象越发清晰了。他,今年三年级,是老师眼中的"皮大王",教过他的几乎所有任课老师都对这个小胖墩印象深刻。一提到他,班主任邓老师更是直摇头。而在同学眼中,小刘同样是一个人见人厌的捣蛋鬼,有事没事就喜欢欺负同学,还会无故打同学,还时不时地未经允许就拿别人的东西。久而久之,班级同学都开始疏远他,下课也没人愿意和他玩。

从他的班主任那了解到小刘的一些基本情况:小刘老家来自山东苍山,4岁时跟随打工的父母来到上海,父母在本市一家菜场摆摊头,靠卖菜维持生计,家庭经济条件一般。教育孩子主要由母亲负责,母亲对小刘比较溺爱,从不打骂,故小刘对母亲毫不畏惧。父亲以摊头生意为主,课业关注较少,父子俩平时话也不多,但只要有老师告状,父亲便会对小刘拳脚相加,一通打骂,因而小刘很害怕他的父亲。

经过一番交谈,小刘主动告诉我,他脾气比较急躁,上课有时爱讲话但却事出有因。他觉得在班级里被忽视,同学也无视他,故而他通过捣乱想引起大家的注意,而他成绩自认在班级属于中下游,不算很好。在学习上,小刘不愿多谈,从他的只言片语中,我略微察觉到由于小刘上课经常捣乱,导致自己无法专心听课,所以成绩一直处于班级偏下游。而学习上的不如意,更是让小刘对学习丧失信心,提不起兴致。这学期,学习态度更是异常消极,课堂作业能拖则拖,回家作业一概不做。

"弟弟很喜欢我,我也很喜欢和他玩,我们在一起的时候最开心!"交谈中小刘这样告诉我。原来二年级的暑假,小刘的舅舅、舅妈带着小刘的表弟来上海打工求学,而且就住在他家隔壁,表弟比小刘小2岁,新学期读一年级,于是暑假小刘有了玩伴,他和表弟最开心的时候就是两个人拿家里的枕头相互打来打去。虽然会玩得满头大汗,但是他的内心和表弟一样都是高兴、快乐的。所以,开学升入三年级后,小刘就想到了可以用这种类似打打闹闹的方式来赢得同学的喜爱,就像自己和表弟那样。却不知班级同学对他的行为普遍反感,导致小刘打人的行为越来越遭排斥,引发同学关系紧张。但小刘似乎并没有意识到这一点,他把所有一切归责给他的同学,并陷于深深的苦恼中,到底同学们这是怎么了?为什么我和弟弟玩得这么开心,同学们却不喜欢,甚至还会讨厌?!

原 来 如 此

在起初的交谈中,小刘多次情绪激动,但又会突然沉默。面对他的沉默,我并没有着急开口询问打破沉默,而是静静等待和陪伴,我觉得在他真正打开心扉向我倾诉前,应该允许他内心的挣扎以及鼓足勇气的过程。

"听上去,你似乎很想得到老师的表扬,你会在有外面老师来听课的情况下认真去听!"我说道。

小刘:"当然,那时就会获得老师表扬。"

"平时不能获得表扬?"我接着问道。

"从来没有。"小刘无奈地摇了摇头说道。

"是吗?从入学开始就没得到表扬过吗?"我继续追问。

小刘开始了沉默,大约1分钟后,他说道:"只有一年级的时候老师表扬过我,说我力气很大、劳动勤快。"从他的表述中我看到了一抹自信,"后来就不表扬我了,老是表扬那些收作业本的同学"。他双手不停搓捻着衣角,似乎有些愤愤不平和泄气。

"看来你很羡慕那些能收作业,又能得到表扬的同学?"我问。

小刘看了我一眼,并没有回答。

"你想不想收作业?"我问道。

这次他并没有抬眼看我,只是轻轻地点了下头。

"你觉得你能胜任吗?"我追问。

"能!"小刘说,但很快他又改口道:"也许不能,我觉得同学们很讨厌我,也很怕我,他们不会把本子交给我,那我收作业就收不齐了。"

我问:"哦?同学们很怕你吗?"

又一阵沉默后,"没人愿意和我玩,我没朋友。"小刘的声音越来越低。

"能不能举几个例子和我具体说说?"我停顿了一会,继续问道。

"嗯,有一次……"终于,接下来小刘打开了话匣子,和我聊了起来。

在这次的交流中,我了解到以前的小刘虽然成绩平平,不善言辞,但还不至于喜欢动手打人,但上三年级开始,打人次数逐渐增加,多名同学曾找老师哭诉,很多家长也来替子女告状,为此班主任邓老师也多次找他和父母谈,但收效甚微。没过几天,小刘动手的毛病又犯了。小刘表示,由于自己在班级里不被重视,他看到同学们都有好朋友,下课一起做游戏,但他没有,所以他内心极其苦闷。而在和小刘谈到父母时,他说道父母菜场生意时好时坏,父亲有时会在家喝酒解闷,稍有看不惯,就会把气往他身上发,所以小刘在家时,也经常担惊受怕。

探寻缘由,对症下药

通过与小刘的交谈,我觉得小刘在和同伴相处问题上存在一些认知偏差,导致了无法和同学建立正常的人际关系。虽内心渴望朋友,但运用方法不合理,更加剧同学间关系紧张。在家庭教育上,父母无法提供有效措施帮助小刘,造成其产生很多不合理情绪,这也加重了小刘心理问题的产生。

"你有没有想过你喜欢的这种方式,你的同学们是否也喜欢,也能接受?"我停顿了一下,问道。

小刘:"那我弟弟喜欢的,我想同学们应该也喜欢。"

我说:"我想?你问过大家吗?也许别人的想法未必和你一致哦。"

小刘:"这个,我也说不清,好像只是我对别人的想法。"

我又说:"对,你的想法只能代表你,别人可能对此会有不同的感受和理解,或许你该多问问你的同学,你觉得呢?"

小刘沉默不语。

午休时间很快就到了,为了不影响下午的上课,我让他先回教室,并请他思考一个问题:"时间如果回到一年级,那时的你快乐吗?和同学关系怎么样?也是用现在的这种'打是亲骂是爱'的方式吗?"

第二天中午,小刘如约而至,我先是询问他对昨天给他的问题的思考,对整个事件有什么新的认识。

小刘迟疑了一下,说道:"一年级的时候,那时大家都在一起玩,虽然什么都不懂,经常挨骂,但在一起很开心,大家下课可以一起跳绳、做游戏,我很开心的。"

"很好!"我继续追问,"你会打他们吗?"

小刘:"不会,老师说同学间要友爱相处、和平共处,不能打架。"

"最主要打架是一种让人会感到不舒服的行为,没人喜欢被打。大家相互帮助、团结友爱,既然成为同学,就是好伙伴。"我高兴地说。

后来,我们还谈到了小刘喜欢去拿别人东西,比如有意去拿同学的橡皮、尺等,虽然是想以这种方式引起别人的注意,但也是别人不喜欢的。他甚至想要吸引老师对他的关注,因此在课堂上捣乱、回家作业不做等,这样就有人批评他或者和他说说话;但他的方式不当,手上力道又过重,让同学和老师都以为他动手打人、上课懒散纪律差。

接下来,在让小刘认识了自己在人际交往中存在的负性思维后,我和他共同探讨他现在的思维模式以及由此思维模式下引发的不合理的交往方式,同时鼓励小刘:"只要我们一起努力,问题一定能解决。"在与小刘的共同协商中,我们制定了一份为期两周的交友方案。

小刘的交友守则

时间＼事件	不动手打人	不随便拿别人东西	主动帮助同学	尊重同学有礼貌
周二				
周三				
周四				
周五				
周一				
周二				
周三				
周四				
周五				
周一				

填表说明：
实施方法：以满分五颗星进行评定，一次做不到扣一颗星；
评分标准：五颗星、四颗星、三颗星、二颗星、一颗星。

通过交友守则的制定和遵守，使小刘在行为上得到正强化，可以自我训练，并进行自我评定。由于年龄偏小，我和小刘把表格进行了简化。

改变终见成效

两天后，我在学校的走廊碰见了小刘，询问有关交友守则完成的情况。他告诉我，他还在努力改变中，现在的确遇到很多困难，他并没有都做到。但他表示，他还会继续加油，争取在接下来的时间里再减少一些表格上的不好行为。作为心理老师，我首先肯定了他这两天的表现，并且我觉得现在应该给他一些鼓励,提升他面对困难的勇气。

我向小刘说明,这两天我询问了他所在的班级同学对接下来小刘可能会发生的一些改变的看法。同学们大多表示会支持,并且也会一起督促他的改变。尽管有少部分同学持观望态度,但也表示很期待小刘的转变。事后,小刘表示,他很高兴听到同学们这么说,愿意期待一个新的小刘产生,相信他的转变不会让同学们失望的。同时,我还告诉班级同学应该认识自己和身边的人,做到悦纳自己和他人,大家可以共同探索正确的同伴交往方式。

两周过去后的一天中午,我再次见到了小刘。

"老师,我终于交到了一个朋友,我太开心了!"久违的笑容绽放在小刘的脸上,那刻我感觉整个心理辅导室都光亮了起来。

"进来吧,愿意和我说说吗!?"我笑容满面地注视着他。

接下来,小刘告诉我,前两天班中有个同学主动和他说话,还说下课他们可以一起玩,他特别兴奋。随后,他掏出了课堂守则,"老师,你看!"他有点不好意思地把守则递了过来。

我打开一看,里面小刘详细记录了这两个星期的情况。第一周出现4次动手、3次没有主动帮助同学、2次没有尊重同学、1次去拿别人东西,第二周开始几乎不再出现表格中提到的行为。我欣喜小刘这两周的转变,并鼓励小刘可以适当参加一些集体活动,能融入整个班级,为更多学生提供服务。

小刘显得有点神秘,他悄悄告诉我,有老师和他说,如果他学习能再好点,可以把收作业本的任务交给他。看到脸上露出自信笑容的小刘,我相信他一定会成功。

咨询师思考

1. 评估分析

不起眼的小胖墩小刘从进入这个班级后就显得特别的云淡风轻,可有可无。家庭关怀的缺失,使他特别需要老师、同伴的认同。但最终他用了他表弟喜欢的方式来对待同学,让他彻底失去同伴,走到了人际交往的风口浪尖。在辅导过程中,我感觉到他的很多想法存在非理性的成分。例如,"我打你是要和你做朋友""拿你的东西你就会理我了""我和弟弟喜欢的我就认为你们应该也喜欢""捣乱了就会得到关注"等。根据美国心理学家埃利斯的情绪 ABC 理论,小刘产生的这些想法均属于非理性想法。当他一味在寻找同伴时,这些想法左右了他的行为,迫使他做出了很多不合理行为,影响到正常的人际交往,导致他情绪一落千丈。

根据以上分析,我觉得小刘的问题属于非理性想法而导致的同伴交往问题。

2. 辅导思路

针对小刘产生的非理性想法和不合理行为,我在辅导过程中主要采用认知行为疗法,用理性的想法来驱逐小刘头脑中非理性想法,继而对不合理行为做出改变。具体的辅导思路为:第一,我在辅导初期充分采用倾听、同感等技术,遵循真诚原则,取得了来访者的信任,建立了良好的辅导关系,也为进一步了解情况和之后的辅导打下了良好的基础。第二,确定来访者问题和根源,由于本案中小刘是主动找上我,所以在信息的收集过程中并没有遇到过多的阻抗,很快确定了他的主要问题,通过认知辅导,改变非理性的思维定势,构建理性的想法。第三,辅导过程中,为缓解小刘的不良情绪,我使用了同感、宣泄等技术,进一步实施辅导策略,达到辅导目标。我通过对小刘的心理分析,使他认识到自己的一些非理性想法,结合积极行为强化,最终使他改变了不合理行为。第四,实施行为上和心理上的跟踪。帮助来访者重拾自信,回归班集体。

督导点评

本案例呈现的是一例小学生同伴交往问题。在该案例中,来访者渴望与同伴建立友谊,希望得到同伴的认可和接纳,但在和同伴相处的过程中,来访者对于人际交往存在一些不合理认知,也缺乏交往技巧。咨询师在对来访者同伴交往问题进行辅导时,有几点是值得肯定的:

第一,与来访者建立起信任的咨访关系,是本案取得成功的前提。面对让老师头疼、让同学讨厌、却能主动走进咨询室的"皮大王",一方面,咨询师强调"保密原则"以帮助来访者放下戒备之心,另一方面,面对来访者起初交谈中的"沉默",咨询师以足够的耐心静静等待和陪伴,让来访者感受到自己被充分接纳,极大地提高了来访者在整个咨询过程中的配合度。

第二,以来访者人际交往中的"行为改变"为切入口,是本案取得成功的关键。咨询师在与来访者探讨了其人际交往中存在的非理性想法后,结合来访者在与同伴产生冲突时的具体事件,有针对性地制定了两周交友计划表。对于来访者这个年龄阶段的小学生而言,对行为的监测既有较强的操作性,又有助于来访者及时根据反馈信息调整行为,可以不断增强其在人际交往中的自信心。

第三,对来访者周围的支持系统及时跟踪,是本案取得成功的保证。来访者同伴交往问题起源于班级,咨询师在保密原则前提下,及时跟进来访者在班级交友中的行为改变,并注意鼓励班级同学正确认识、悦纳自己和他人,共同探索正确的同伴交往方式。积极、友善的班级环境,对于缓解来访者的压力,激发来访者心态和行为改变起到很好的激励作用。

就本案而言,咨询师了解到,来访者在与家人,特别是与父亲的沟通中存在一些困难,家庭关怀和教育的缺失,也会加剧来访者不合理情绪和行为的产生,或许咨询师可以关注如何帮助来访者建构更加积极的家庭支持系统。

点评人:吴俊琳

浦东教育发展研究院教师发展中心心理教研员、浦东新区心理健康教育专业委员会副主任、浦东新区心理学科带头人

我也可以这样的灿烂

徐仙华

国家二级心理咨询师、优秀志愿者，积累了丰富的咨询经验，擅长运用人本主义理论和认知行为疗法，处理人际关系、亲子互动、情绪管理等方面的困扰。

"我想让妈妈说"

一个深秋的午后，冷风夹着冷雨不停地下着，看着窗外摇摆的树枝，心想雨这么大，来访者可能不过来了。3:15左右，一对湿漉漉的母子走进了咨询室，妈妈一个劲地说：因为下雨打不到车，所以晚到了。我一边说不要紧，一边拿纸巾擦拭他们身上的雨水，并倒了杯热水让他们取取暖，稍作休息。

这是个就读二年级的男孩,小名宁宁,圆圆的身子圆圆的脸,有点憨厚有点拘谨,低着头,一双小手不自觉地捏来捏去。妈妈倒是个爽快人,快人快语。她说,她是一个全职妈妈,孩子日常的生活、学习主要由她负责;老公主要精力在打理公司,很忙,与孩子的互动很少。孩子的主要问题好像是不自信,包括对自己的长相、自己的学习;处理问题的方式也非常的简单,如同学之间出现矛盾,简单粗暴,有时要动手打人。学习成绩也不太好,经常说头疼,也到医院做过检查,没查出什么问题。前几天,到儿童医院做了多动症专项测试,测试结果多动的倾向也不明显。每次接到老师的电话,我就头大三圈,知道他又做了什么不好的事情。老师推荐我们到这里来的。宁宁妈妈一口气说了这么多。

"孩子这样的情况多久了?"我问。

"幼儿园大班就有了,到小学后更加明显,尤其到了两年级。"

"孩子这种情况,可能是什么原因引起的?"

"我们也不清楚。"

"当孩子出现这种情况,你们一般是这么做的?"

"一般他是不肯说的,我火上来了就骂他,他爸爸有时还会打他。"

"骂他、打他,他什么反应?"

"很漠然,很少哭。"

"孩子平日里喜欢什么?"

她想了一下说,"画画、看书"。

到此,基本上都是我和他的妈妈在对话,几次我想让宁宁自己讲,他总是努努嘴,示意让妈妈讲。自己就坐在那里,捏着小手,低着头。宁宁妈妈看了看说:"他是这样的,对不熟的人一般都不说话的。"我笑了笑说,"不急,好多孩子看到陌生人都是一样,宁宁妈妈,这次过来,希望我在哪些方面帮到他?"宁宁妈妈说,"主要是培养他的自信和遇事不要乱发脾气"。与宁宁妈妈交流了几句,相约下周再聊。

只是因为多看了你一眼

又是一个周五下午,当我气喘吁吁爬上五楼时,惊喜地发现在北楼梯五楼出现了一张圆鼓鼓的脸,原来是宁宁,"咦,你怎么从这里上来的",话音未落,只看到原先那张笑盈盈的脸沉下来了,我有点纳闷。宁宁妈妈悄悄告诉我,上次咨询回去后,宁宁说蛮喜欢我的,今天看到我走在前面,就想悄悄地从另一个楼梯上来,想抢在我前面,给我惊喜。"哎呀,早知道,我晚一步上来就好了",我有些懊恼,谁说孩子没有上进心,每一个孩子内心都有表现的欲望。

落座后,气氛有些沉闷,想到他有画画的爱好,我就拿出了预先准备的笔和纸,让他画画,宁宁爽快地答应了。不一会儿,一幅带点动漫的图画出来了,"不错呀,画得活灵活现",我们异口同声地说道。他笑了,我乘机说,愿不愿意用故事的形式,把画的内容分享一下。他看了看妈妈,停了片刻,讲了起来,虽然声音小了点,但讲的还是比较完整,我们给予积极的肯定,气氛慢慢活跃起来了。

我拉着宁宁的小手说"宁宁,听你妈妈说,你喜欢我,我非常高兴,谢谢你"。宁宁抬起头对我笑笑,看到了他脸上有个浅浅的酒窝。我继续说,"其实我也很喜欢你,你知道为什么吗?"宁宁有些迷茫。"你看你圆圆的脸,白白的皮肤,还有你笑起来那个酒窝,我也有呀",孩子摸了摸了自己的脸又看了我一下,笑得很灿烂。

"老师,我在学校朋友很少的,只有一个,还是我幼儿园中班时的朋友,同学们都说我有点怪,都不愿跟我玩,我走过去他们就走掉了,我觉得我大概因为有点胖,又有点笨,所以大家都不喜欢我。"看到他一脸的沮丧,真想抱抱他。

他抬起头突然问我:"老师,你觉得我怪吗?"

我一下子愣住了,"没有呀,你看,你画画画得好,故事讲得好,又喜欢看书,听妈妈说你有时候还帮妈妈做事呢,优点很多呀!"他笑笑不语。

"在学校里,有的时候我也想做得好一点,就是做不好,有时我脾气也不好。"

我想起了刚才过来时的一幕,就说"你今天是不是本想超过我,后来看到我先到了,你就觉得自己又失败了,所以不开心了,是吗?"

"是的。"

"但我觉得你的想法很好呀,说明你聪明,做事动脑子。""你觉得在你周围哪个人是没有缺点的",他用手指了指妈妈,"但妈妈有时脾气不好要骂人"。说完,就哧地笑出了声。

最后,我要求宁宁他把刚才讲过的故事再大声地讲一遍,他答应了,而且讲得好了很多,三人相视一笑。

"因为他先碰了我"

第三次咨询很快到了,宁宁妈妈告诉我:宁宁上周又闯祸了。一次课间活动时,同学不小心碰到他,他就用力推他一下,那位同学撞在书桌的角上,额头出血,我只好又去赔礼道歉了……妈妈重重地叹了口气。

我把眼光转向了他,他又低下了头。

"我们可以聊聊这件事吗,说说那天到底发生了什么,当时你是这么想的?"

"事情的经过跟妈妈说的差不多,当时我只想到他碰了我,我必须反击,想不到是这个结果。"

"哦,你的意思是,平时不管人家有意无意碰了你,你就是一个字'打'"?

"嗯。"

"你觉得'打'能够解决所有的问题吗?"

"有时火大起来,我就不管了。"他怯生生地说道。

"这件事过去几天了,现在回过头来想想,除了'打'真的没有其他的办法了吗?"我问。

他想了一想说:"有,可以先问问他为什么要这样碰我,无意的也就算了,有意的我可以告诉老师;再说,同学们都看在眼里的。这次又打人了,同学们肯定又说我野蛮不讲道理了。"说完,脸上明显有着悔意。接着他的话题我说:"嗯,说的真好,每一个人都有脾气,我也有,妈妈也有,但不能由着脾气来,面对事情的时候,要冷静,先想想可以由哪些办法来解决,哪个办法最好,总之,先思考,再行动。"他似懂非懂地点了点头。

在接下来的时间里,我用讲故事的形式,用讨论身边案例的形式,与他一起探讨在面对问题的时候,如何进行情绪的合理宣泄。

比如说,红绿灯原理:一停、二看、三通过;愤怒的时候"运动、倾诉、撕报纸、打枕头靠垫等"。

"我交到新朋友啦"

转眼两个星期过去,这是他和妈妈第四次咨询。这一次宁宁好像特别地高兴,人还没坐定,他就说:"老师,我交到两个新朋友了。"

"哦,两个怎样的朋友,你怎么把他们拿下的?"我也开心地说道。

"他们都是我的邻桌,我就过去说,我要跟你们做朋友可以吗,他们说可以呀,我们就成了好朋友了。"

"嗯,不错,直接也是一种办法,交到好朋友心情如何?"

"心情蛮好的,我现在一共有三个好朋友了,课间休息时,我们三个就在操场上走走说说话。他们英语比我好,不懂的,他们会教我,我语文比他们好,他们有时也会问我。"宁宁的脸上有着藏不住的喜悦。

"嗯,有时交朋友就是这样的简单!"

宁宁妈妈在一旁笑眯眯说:"这两天我看他很开心,做作业速度也比以前快了,老师也表扬了他。"边说边拿出了他最近的周记本,"宁宁说要给徐老师看一下"。我接过本子,真心觉得不错,字迹端正,篇幅又长,周记主要写了最近一次与妈妈一起去超市购物的事,文中运用了很多成语,写得很生动。我情不自禁地翘起大拇指,给了他一个大大的赞。

看着孩子的状态越来越好了,我便提出咨询是否可以暂告一个段落,宁宁不愿意了,说"我还要来一次,我让我爸爸一起来"。我答应了他的请求。

"一起合个影吧"

又一个周五的午后,也是约定最后一次面询。那天,宁宁兴冲冲地跑进来说,"今天爸爸也来了。"兴奋溢于言表。

宁宁爸爸很帅气也很健谈,他说通过这段时间的咨询明显感觉到孩子的变化,学习上也进步了,他也反思了以往忙于工作,对孩子关心少、批评多,教育方法比较简单,同时他说谢谢我,也谢谢爱人这些年对家庭、对孩子的辛苦付出,说得宁宁妈妈眼泪汪汪。

宁宁妈妈说,在这过程中,与其说是陪着孩子来咨询,其实,她自己也学到了很多道理和方法。

是的,在这个过程中,我们都在成长,都在让自己成为一个更好的自己而努力。

宁宁坐在父母中间,两个脚晃来晃去,一副很得意的样子。

随后,我们就孩子在成长过程中可能遇到的问题进行了再次探讨,也提醒家长,宁宁的状态可能还会反复,需要一个比较长的过程加以巩固和提升。

结束时,宁宁提出一定要合影留念,在值班老师的帮助下,第一次与来访者一家进行了合影。

春节前夕,宁宁通过她妈妈传来了他期末测试的信息,三门功课,二门得 A,一门得 B。真为他高兴!

咨询师思考

1. 评估分析

人际交往出现的偏差。通过一段时间的观察与交流,发现孩子由于经常受到周围人们对他的一些负面评价,所以孩子的自我评价比较低,多疑敏感,行为简单冲动,缺乏自信,缺乏内驱力。

2. 咨询要点

(1)自信的培养。用自己的优点来为自己加分;(2)情绪的管理。学会情绪合理宣泄的一些方法。

3. 干预方法

在咨询的过程中比较多地运用认知疗法技术和人本主义理论,建立平等的关系,尊重每一个来访者,积极地关注、倾听,给予更多的尊重与理解,允许孩子沉默不语和反复变化,激发他们内在的动力源,相信每一个孩子都有向上的愿望,真正走进孩子的内心,成为孩子的大朋友。在这样良好的互动过程中,让来访者不断修正原先的一些想法,体验内在的快乐和踏实。

在与来访者的互动过程中,我还习惯用讲故事的形式,用一起讨论身边的案例的方式,让来访者看到自己在故事里的影子,自我反思,自己提升。

4. 咨询感受

(1) 人际交往是社会发展的必然产物,是我们生活的一部分,贯穿生命的始终。良好的人际交往能力是青少年社会化的起点,是将来在社会立足的生存需要,也是为社会做贡献的本领。

(2) 要了解小学生咨询的特点。一般来说,小学生主动求助的意愿不是很强,一般都是家长和老师先介入,有点"皇帝不急急太监"的感觉,家长、老师在陈述内容时往往会带有主观猜测,所以,作为咨询师要对有关问题进行澄清,了解孩子的真实想法。

（3）作为咨询师,除了具有专业知识外,在咨询的过程中还要有智慧、讲究方法,当咨询进入困境时,要想办法找契入口,比如说,第二次咨询看到场面有点僵,就抓住孩子喜欢画画、喜欢看书等打开了话题;再比如抓住了孩子与我都有"酒窝"这个共有的特征,拉近了彼此的关系,打开局面给孩子更多的话语权,激发和拓宽学生的表达欲和表达的渠道,培养孩子的自信心和自信力。

（4）任何一次咨询过程都是咨询师与来访者互动的过程,也是一个共同成长的过程,无论在认知上还是在咨询的技巧和策略上都是一次提升和审视自己的过程。"助人自助"适合来访者,也适合自己。

督导点评

小学二年级学生,处于埃里克森发展理论中"勤奋对自卑"阶段,期间,学生通过自己的努力和勤奋,在爱的关注与鼓励之下,可以有效发展和提升自己的应对能力,若是其生活中十分重要的人物对他报以嘲笑或漠不关心,便可造成明显的自卑。小学生人际交往的问题,往往与其自卑感、自卑引发的负面情绪以及情绪表达能力等有关。在与父母互动的过程中,孩子的自尊和价值感若是得到很好的肯定和保护,情绪能够得到辨识和接纳,亲子之间情绪表达理性有效,那么孩子比较能够在学校人际环境中得以适应。相反,则会适应不佳,不仅关系不良,而且学业和心理发展都可能受损。

咨询老师坚持尊重、接纳、关注、好奇的基本态度,有效地建立起与宁宁的咨询关系,在充分理解宁宁心理需求的基础上,利用咨询互动中的机会不断加强咨询关系,同时充分应用咨询关系引导宁宁学习和改进。咨询师理解到问题背后的成因,在咨询过程中促进宁宁自我价值的提升,同时推进宁宁家人对问题形成的合理认识,促进家庭氛围的改善。此外,咨询师还注重提升宁宁的情绪表达能力和同学交往方法,有效地改善了宁宁的自信心、与同学的交往。本案例中,咨询老师机智、敏锐地通过"画画""酒窝"等各种机会与宁宁建立关系,注重问题的评估分析,合理设定咨询目标和重点,利用真实生活事件促进来访者反思和改进,实施家长心理教育,综合多方面措施,取得了较好的咨询效果,值得肯定和借鉴。

另一方面,咨询过程中有几点还有待商榷:第一,关于低年级学生心理行为问题改善过程中家长作用发挥问题。低年级学生心理行为问题,往往与家庭亲子互动有较为密切的关系,而低年级学生寻求心理咨询也必然会有家长的参与,因此,咨询若能对父母亲情绪管理及对孩子开展情感教育方面提供更多的支持和建议,将更为有效地改善学生家庭环境氛围,有利于学生从家长那里得到合理的引导和有效的反馈,增强其自尊和应对能力。第二,关于冲动情绪的应对与管理的问题。咨询过程中涉及学生日常中发生的情绪冲动和攻击性行为,报告中简要介绍了通过事后反省的方式来增进学生对自己情绪的理解和表达,并推进适应行为发生的可能,这个过程中的体验性、反思性似不够充分,对于情绪发生过程中刺激与反应之间个体的认知反应的决定性揭示不够,可能对于问题的真正解决构成一定局限。第三,亲子咨询中对家长心理情绪问题的关注。孩子的问题往往反映了家庭氛围或亲子沟通问题,因此,咨询中应当同样重视家长本人的情绪、心态、沟通等问题,咨询师呈现了父母之间理解和支持上的一些状况,但在母亲求助时的焦虑无助情绪和父亲忙于工作疏于育儿的问题回应都还显得不够,希望可以在这方面加强。

点评人:朱 珠

上海交通大学附属中学心理高级教师、杨浦区第五届学科带头人、杨浦区心理学科中心组成员、上海市吴增强名师工作室学员

危机与丧失篇

多次离家出走的男孩

汤承红

国家二级心理咨询师、上海市中级学校心理咨询师,擅长使用沙盘游戏、绘画等疗法对儿童进行心理辅导。

小杰是五年级学生。家长预约时提出的是学习问题来访,可从收集到的信息来看,小杰家庭关系非常复杂,而且多次被父亲暴打,其间还离家出走过。

"我不要爸爸做监护人"

初次见面,小杰是和爸爸一起来的。在三人座的长沙发上,爸爸坐在离我最远的一侧,身体斜向后靠在沙发上。小杰离我较近,但与爸爸中间空了一人的距离。低着头,比较随意地坐着。

咨询开始时,爸爸介绍小杰在学校学习的情况,指出他的多种不足,如作业不按时完成、上课不认真听讲、学习成绩不好等。小杰多数时间沉默以对,只是偶尔提出反对意见,如自己昨天作业认真完成、最近上英语有进步等。在我的询问引导下,爸爸介绍了家里的情况。小杰的妈妈和爸爸在小杰2岁时离异,小杰判给了爸爸,从小是奶奶带大的。现在,小杰的爸爸和妈妈都重新组建家庭,他们又有了孩子。上学后,小杰的家庭作业多数是由继母负责检查指导的。随着交流的深入,我发现小杰越来越沉默,开始产生抗拒。为了更好地了解小杰的内心想法,我请爸爸先在咨询室休息。我带小杰到沙盘游戏室,进行个别辅导。

离开爸爸的视线,小杰明显放松下来。很快被沙盘游戏吸引,在获得我的同意后,开始搜索玩具,准备建设自己的世界。他一边摆放玩具,一边把奶奶和爷爷是怎么爱护自己的,自己在奶奶家的自由、快乐告诉我。说着说着,小杰的情绪又低落下来。他告诉我,爸爸认为奶奶没有文化、思想落后、教育观念陈旧,怕影响他,因此不让他去奶奶家。我及时共情,并询问他多长时间能见到爷爷、奶奶,他说:"奶奶和妈妈(继母)之间也有矛盾,前几天,妈妈带着弟弟回娘家了。现在,奶奶负责放学接我回家,并给我和爸爸做晚饭。"随着交流的深入,小杰告诉我,一直以来,爸爸都会因为他淘气或者学习上的问题而拿皮带或木棍暴打他。而每当他给（亲生）妈妈打电话求助时，妈妈都表示无能为力。"我不要爸爸做我的监护人，我希望我的监护人是奶奶！"这是小杰发自内心的呼喊，我的心被触动了，我理解了小杰是在既无助又无奈的情况下才离家出走的。也了解到，事后老师与爸爸交流，现在爸爸打小杰的次数明显减少了。

小杰的沙盘世界很快建设完成，四个城堡建立起了一个城镇，其中有三支不同颜色的军队在对立、瞄准。最后，来了几只巨大的恐龙、怪兽，把队伍打乱，城堡撞翻，整个世界被毁灭。这形象地展示了小杰内心的冲突是由复杂的家庭关系和教育方法导致的。

初次接待结束前，我征求小杰和爸爸对下次咨询的态度，小杰表示喜欢玩沙盘，愿意来咨询，而爸爸也希望通过心理咨询帮助孩子改善学习问题。于是我们商定咨询时间为每周一次，以小杰为主，具体措施采用沙盘游戏结合语言交流的方式进行。

离家出走成了孩子反抗的筹码

随着咨询的深入，小杰的爸爸向我倾诉他为了让孩子进好的小学付出的努力，因孩子不良的学习行为导致多次被老师电话里或者当面指责。有时，不得不在工作时间请假到校解决小杰的问题，而小杰不仅没有进步反而学习问题频发，引得他怒其不争，控制不住就用暴打的方式来宣泄自己的负面情绪，试图以此制止小杰的不良学习行为。而小杰的离家出走也让他认识到这样做的不良后果，于是来寻求心理援助。爸爸告诉我，"小杰第一次离家出走后，我尽量控制自己的情绪，跟他好好沟通，能不打尽量不打，实在忍不住才打他的。这让他看到离家出走的好处，开始以离家出走为反抗的筹码，威胁我答应他的一些不合理要求。几次之后，我发现这样纵容他不行，于是，我生气地告诉他：'你想离家出走就走吧，走了不要再回来了！'吓得他不敢再这样做了。"我及时肯定爸爸为教育好孩子所做的努力，对他承受的负面情绪表示共情。并且从教育好孩子这个共同目标出发，和他一起讨论合理有效的教育方法。他积极配合，并主动提出要与孩子共同应对学习上的问题，降低要求，设立短期孩子可以达到的目标，完成后及时给予表扬、鼓励，并承诺不再动手打孩子了。对此，我适时加以肯定，并提醒家长注意教育的延缓性特点，孩子的改变需要时间，其间也可能出现行为反复。

对小杰单独辅导时，我首先以建立良好的咨访关系为主。从他喜欢的沙盘游戏入手，我做一个耐心的陪伴者和倾听者的角色，让他愿意主动与我交流自己内心的想法。我引导他认识到父子之间矛盾的导火索是他的学习问题。他也表示愿意从改变自己的学习问题入手，改善父子关系。

为此我们共同制定了如下咨询目标：

1. 家长给孩子改变的时间，接纳现状，杜绝打骂等简单粗暴的教育方式，逐步建立良好的亲子关系。

2. 小杰从改变学习态度入手，逐步减少学习问题，促进家长教育态度转变，从而改善父子关系。

再一次离家出走

经过一个多月的咨询，小杰进步比较明显，我也有了一些成就感，准备再进行一到两次巩固后，就结束咨询。正当我这么想的时候，父子俩脸色难看地走进咨询室。请我当公证人，让我来评评理。爸爸把一周来小杰上课不认真听讲、作业不按时完成、成绩退步等一一列举出来。最后,承认这次自己没有控制住情绪,又打了小杰,导致小杰再一次离家出走。突如其来的事件,让我感觉好像一下子又回到咨询开始的困境。

两人的情绪都不好,于是,我决定各个击破。鉴于刚才是爸爸一个人说,而小杰一言不发,我请爸爸在等候区休息,把小杰带进沙盘室。小杰开口就说"老师,您有没有办法帮我把爸爸对我的监护权转给我妈妈?"我不由一愣,问小杰:"我们之前不是讨论过了,你知道(亲生)妈妈不会抚养你的,你怎么还要把监护权转给妈妈呢?"小杰说:"我知道,我只想让妈妈作为中介,由妈妈出面,因无法抚养我,而把我的监护权交给奶奶,这样我就可以不再受爸爸的限制,与爷爷奶奶一起生活了。"对此,我们展开讨论,小杰渐渐地明白,这个想法无法实现。情绪也慢慢平复下来,向我讲起这次离家出走的始末。我才知道,之前小杰与爸爸关系好转是建立在爸爸降低对他学业要求的基础上的,随着小杰的进步,爸爸的要求也越来越高,让小杰完成的难度越来越大,反抗心理越来越强。上周一次小测验成绩不良,成为导火索,两人开始发生冲突,后来爸爸又用皮带打了小杰,小杰夺门而逃。但小杰也知道离家出走解决不了问题,自己还小,无法独立生存,于是也没敢走远,躲在小区的一个角落里,还是奶奶找到他,并把他送回家。小杰说,他决定要学好外语,高中时就出国留学,爸爸也同意了。小杰的目标明确了,也有了学习动力。

我又与小杰爸爸进行了一次深谈,当把小杰最初想把监护权转给妈妈的想法讲给爸爸听时(小杰同意告诉爸爸),爸爸的情绪上来,张口就说,"只要他妈妈同意,我立刻转让"。在小杰的教育问题上,爸爸也很委屈,自己付出了那么多,而小杰不仅不领情,还想去找不负责任的妈妈,爸爸的怒火一下子发泄出来。等爸爸情绪释放完,我们对这次事件的前因后果进行梳理,爸爸自己找到自己的不足,并决定进一步改进。

到处找爸爸

经过几次咨询,爸爸开始放手,让小杰单独与我交流,他在咨询室外等候。小杰的情绪状态也越来越好,沙盘世界中的灭世怪兽不见了,城镇里增加了不少树木,显示生机。三支军队也由战争,慢慢变成了演习,其中两支队伍更进一步开始结盟。

小杰也把自己在学校里遇到的开心事、烦恼主动告诉我,并把爸爸妈妈对他学习上的帮助讲给我听。亲子关系开始向好的方向发展。虽然小杰还是不能如愿去奶奶家,但要求也不再那么强烈了。

第五次咨询结束后,小杰来到等候区,准备和爸爸一起回家,结果却发现爸爸不在。于是,他开始四处找爸爸,我跟在他后面,看见他那急切的情绪和四处寻找的背影,不由心中一暖,这才是这个年龄孩子与爸爸良好关系的一种表现。当爸爸从楼下上来时,小杰快步跑过去,满脸的笑容,可以看出父子关系融洽的一面。

时间过得真快,两个多月过去了,临近暑假。小杰和爸爸的关系也在波折中一点点改进,小杰学习上的不良问题越来越少。最后一次咨询也到了尾声,爸爸告诉我,他和小杰商量好了,准备暑假带他去一些贫困山区,了解当地孩子的学习、生活情况,激励他努力学习,迎接新的中学生活。

咨询师思考

评估分析

1. 复杂冲突的家庭关系使孩子缺乏安全感。小杰父母离异,小时候由爷爷奶奶带大,奶奶的溺爱导致他以自我为中心,行为自由散漫。而上学后,回到爸爸、继母身边,有了弟弟,父爱被抢不说,被母亲严重忽视,也导致母爱缺失,使小杰缺乏安全感。由于教育观念不同、经济矛盾等多种原因,爸爸和奶奶的矛盾激化,小杰想回奶奶那儿,爸爸不许。奶奶和继母的矛盾也间接影响小杰的心情。复杂的家庭关系导致小杰精力分散,表现在学习上出现诸多学习问题。

2. 简单粗暴的教育方法加重孩子的自卑心理。缺乏安全感的孩子,一般自我评价偏低,容易产生自卑心理。而小杰爸爸却用简单粗暴的打的方式试图让小杰改变不良学习行为,取得好成绩。而这使自信不足的小杰,更加自卑,更加渴望得到家长和老师的认可。

干预方法

虽说小杰表现出来的是学习问题,但究其根本却是缺失父爱、母爱和不当的教育方法导致的。因此,我把咨询的重点放在改善亲子关系上。通过建立良好的咨访关系,利用沙盘游戏自愈功能让小杰在轻松愉快地玩沙盘的过程中,释放心理压力,梳理心理问题,寻找解决方案。同时,加强与小杰爸爸的沟通,督促小杰爸爸改善家庭教育方法。通过调整父子关系,增加小杰的安全感,理解接纳小杰存在的问题,共同努力改进,增强小杰的自信心。

咨询感受

1. 离异家庭的孩子问题更多。随着社会发展,离异家庭增多,成人之间的矛盾也将影响孩子,父爱或母爱的缺失,导致孩子缺乏安全感,性格更敏感,更渴望得到父母的关注和认可,隔代亲会有部分补偿,但无法取代真正的父爱或母爱,生活在这样家庭中的孩子更需要我们的帮助。

2. 心理老师只是陪伴者、引导者。在咨询中,小杰家的复杂人际关系,令我头疼,虽然知道小杰的问题与他复杂的亲子关系密不可分,我也多次感到无能为力。作为心理老师我能做的只是耐心陪伴小杰,让他感受到无条件的关爱,让他逐渐自我成长。

督导点评

小杰父母离异,他被判给父亲,父亲再婚,在复杂的家庭关系中成长,他是缺乏安全感的,唯一的情感支柱奶奶又不被爸爸认可,这样状态下的小杰无法专注地学习,学习成绩不良又导致父亲棍棒相加,最后亲子关系落到谷底,导致小杰多次离家出走。

心理咨询师很好地运用共情的咨询技巧,和来访者建立了良好的咨访关系,这是心理咨询的心理基础。良好的咨访关系让小杰和他父亲能够将内心的困扰表达出来,表达本身就是一种觉察与审视。在建构良好咨访关系的基础上,咨询师利用沙盘一点点协助小杰梳理内心世界,进而采用沙盘游戏结合语言交流的方式进行辅导,让小杰看见更多的方面,提升认识事件的全面性,不窄化思维,不固化认知。其实小杰的父亲也承载着很大的心理压力,咨询师除了共情之外,还与父亲共同制定了咨询目标,这样小杰的父亲明晰地应对孩子的行为路径。尽管咨询过程有反复,但是在大家的努力下,亲子关系正在好转,家庭氛围也在改善,相信关系与氛围的改善会慢慢惠及小杰的学业。

咨询师很好地把握了亲子关系这一切入点,有了很好的咨询效果。需要商榷的是,很多时候来访者出现在我们面前的时候,带着一大堆错综复杂的问题,咨询师需要将个案概念化,形成咨询的目标意识、整个咨询的目标,然后再将其细化到每一次的咨询目标,有了咨询目标整个咨询更具结构化,咨询过程会更加路径清晰。

点评人:蔡素文

宝山区教育学院心理教研员、宝山区教心学科带头人

剪不断理还乱的网络情缘

包遵锋

毕业于华东师范大学心理学系，中学高级教师、国家二级心理咨询师、上海市学校心理咨询师中级，擅长青少年各类心理问题的辅导。

随着手机和互联网的普及，网络游戏已经成为全民喜欢的"大众情人"。调查显示，中学生沉迷于网络者不在少数，这严重影响着他们的学习、生活和身心健康。对于这些学生而言，说教的教育方式往往收效甚微，还常常会激化家庭冲突，这已经成为当前家庭、学校教育中的一大难题。

初见龚某

一个深秋的下午，天空中飘着丝丝细雨，我和班主任王老师走在家访龚同学的路上。王老师边走边介绍着龚同学的情况:"龚同学是我们班的一名14岁男生,性格内向,平时不喜欢与同学交往,也不爱运动,唯一的爱好就是玩电脑游戏。自从迷上网游后成绩就直线下降,现在三门主课均不及格。他对学习没兴趣,作业不做。最近一段时间,龚同学沉迷于网络游戏,每天都玩到深夜2—3点钟。差不多有一周时间没有来校了。"

"那么,龚同学的父母是怎样的态度呢?"我问。

王老师说:"他父母设置了开机密码、强行拔掉网线,龚同学就在家里'大闹天宫',用脏话骂家长,还扯妈妈的头发、拧妈妈的腿。邻居来相劝就骂邻居,并以不上学相威胁,非要家长恢复他上网。他一怒之下用拳头打坏了电脑显示器,用脚踢坏了卫生间的门和房间门,撕破了沙发套子,敲碎了茶几上的玻璃。这段时间,龚同学与父母的关系相当紧张。"

听着王老师的讲述,我心里有些忐忑不安,预感到这肯定是一个棘手的案例。

到龚同学家时已是下午2点钟,可是龚同学还没有起床。他父亲告诉我们,龚同学昨晚玩到凌晨4点多才睡。龚同学的父亲让我们在客厅先坐一会儿,他进房间把龚同学叫醒。可是龚同学迟迟不起床,后来得知班主任来了才勉强从床上坐起来。我走进他的房间,立刻闻到一股异味。龚同学蓬头垢面,身体消瘦,面容异常憔悴,头发又长又乱。他见到班主任时,居然低声地问"好",这让我感到有点欣慰。我巡视了一下他的房间,发现墙角躺着一只打碎的电脑显示屏。

从游戏聊起

我与龚同学在房间单独进行了一番交谈。起初,他的阻抗很严重,不管我问他什么,也不管是采用封闭式提问还是开放性提问,他都爱答不理,顶多"嗯"一声,眼睛木然地盯着书桌上的电脑屏幕。我想,在他脑海里一定沸腾着电脑游戏的画面吧?于是,我改变了谈话策略,直接聊他感兴趣的电脑游戏,总算打开了他的话匣子。

"听说你的电脑游戏玩得很厉害的,能不能跟我说一说?"我问道。

龚同学抬起头,目光转向我:"老师,你也玩?"

听他一下子说那么多字,而且还称呼我"老师"时,我简直有些受宠若惊了,连忙回应他道:"我偶尔也玩一玩,不过玩得不好。跟你比我肯定是一只'菜鸟'啦!"

龚同学的目光开始有神了:"那当然,没有我不会玩的。"

我接着问:"那你平常最喜欢玩哪种游戏呢?"

龚同学:"当然是'杀人'喽,最火的游戏。"

我故作好奇地问:"杀人游戏?听上去蛮恐怖了,不知道是怎么玩的,能跟我讲讲吗?"

龚同学立刻显出得意的神情:"其实一点都不恐怖,好玩得很……把对方杀死还能活过来!"

为了进一步了解他的内心想法,我问道:"噢,是这样。那么你在杀人时有何感觉呢?"

"很爽的!"龚同学话锋一转,"不过,你永远都不会体会到的"。

我又问:"看来,你一定在游戏中杀了不少对手,很有成就感,对吧?能给老师说说你有什么游戏技巧吗?"

……

就这样,我假装向他请教游戏技巧,他也乐意传授游戏心得,仿佛很享受这种炫耀的感觉。通过聊游戏,我逐渐与龚同学建立了良好的咨询关系。对于孤独的龚同学来讲,有人能倾听他谈谈玩游戏的心得,是多么开心的事啊,这至少能让他很好地宣泄一下内心的情感。

"电脑才是最好的朋友"

在与龚同学的交流中,我了解到他对电脑游戏已经达到了非常痴迷的程度。他平时在家基本就是玩游戏,为了节省时间甚至每天只吃一顿饭,几乎不喝水。他说,他连续玩游戏最长的记录是13个小时,直到眼睛花了、头脑发昏了才下线。在这一段不上学的日子里,他没有出过家门,所有时间都泡在了虚拟世界里,好几天不洗澡,也不洗漱。

我说道:"小龚,游戏很好玩,不过,你有没有想过抽出一小部分时间干点别的事呢?"

龚同学显出很不屑的表情:"玩电脑多有意思,别的都没有意思。"

我说:"你没有尝试怎么知道呢?"

龚同学略微停顿了一下,问:"那你说干什么?"

我喜出望外,没想到他真会考虑这个问题:"比方说出去打打球,与同学一道玩……"

龚同学打断了我,说道:"与同学玩没意思。"

我问:"为什么?"

龚同学回答道:"人和人之间都是相互欺骗,只有电脑才是最好的朋友。"

"看不出,你小小年纪竟然对人生有一番深刻的思考呢!"我接着道,"不过,听上去你好像受过某方面的伤害似的?"

龚同学没有回答我，我也不好再问下去了。

虽然，我试图挖掘他的内心深处，打开他的心结，可惜他关闭了心门，不愿意继续这个话题。不过，他毕竟向我暗示了某些信息，有待于我今后慢慢去发掘。这是我们的初次交谈，我们也刚刚认识，他对我存有心理上的戒备也是可以理解的。

网络情愁缘何难断

经过进一步访谈，我了解到龚同学的父母都是普通的工人，家里生活条件并不太好，可是为了方便孩子的学习，半年前给孩子买了电脑并上网。他们万万没想到孩子会沉迷网游，不能自拔。龚同学的父母平时工作很忙，很少有时间陪孩子，使龚同学在家缺少必要的监管。在学校里，龚同学成绩不好，缺少学业成就感和表现自我的机会，而在虚拟的网游世界里，龚同学可以在游戏获胜中找到强烈的存在感，乐在其中，不能自拔。当然，龚同学的性格孤僻，兴趣狭隘，也是造成他沉迷网络的另一个重要原因。

根据相关的心理诊断标准，龚同学显然已达网瘾程度。不过，出于对当事人的心理呵护，我觉得"网络沉迷"一词更能淡化心理疾病的概念，利于激发当事人及其家人的积极力量。

接下来，我针对他的问题初步制定了辅导目标：近期目标是利用心理学的方法和辅导技术，帮助他减轻对网络的依赖，适当转移他的兴趣到网络之外；远期目标是克服网络沉迷，改善其人际关系，逐步培养其学习兴趣。

君 子 协 议

那次家访之后，龚同学沉迷网游的现象有所好转。可是好景不长,他又故态重萌。他父亲再次强行将电脑的电源线拔掉,此事引发了一次巨大的家庭风波。龚同学视父亲为仇人,亲子冲突加剧,相互僵持不下。龚同学玩不成电脑游戏,就每天借妈妈的手机玩小游戏。

我觉得,龚同学网络沉迷既有他个人的原因,也与家长不当的管教方式有关。要纠正龚同学网络沉迷的问题,就要改变他有问题的家庭关系。那段时间,龚同学的妈妈因右腿静脉曲张而动了个小手术,需在家休养。其间,她与龚同学进行了多次沟通。龚同学提出想恢复上网,龚妈妈没有立即答应他,而是咨询我要怎么办,我意识到这可能是一个教育的契机,便帮龚爸爸草拟一份"君子协议":(1)平时以学习为重,在完成作业后,比如阅读、做数学题、背诵单词等才能上网玩 1 小时;(2)如果是用于学习,比如查资料、打字等,上网时间可适当延长;(3)上网时不能关门,并先征得家长同意;(4)双休日要参加数学补课,完成学业后,每天上网不超过 4 小时;(5)今后不能再打骂父母,对父母要尊重;(6)若不遵守约定,将扣除下次的上网时间。若严重到不听劝阻的话,家长将会拉掉网线,连手机都不能玩了。

龚同学为了能够玩电脑,勉强在协议上签字,我和班主任也作为监督人签字。协议书一式三份,龚同学、家长和学校老师各执一份。

其实,我一开始并没有对"君子协议"的约束力抱有多大希望,没想到实行了一周后,龚同学的表现特别好,基本能遵守协议约定,网络沉迷有所好转。"君子协议"给他们家庭成员建立了平等、信任的新型关系,家庭里多了沟通和交流的机会。

"我不能去学校"

龚同学网络沉迷的问题初步得到缓解,又出现了新问题:他怎么也不愿意来学校读书。无论家长怎么劝,他都不愿走出家门半步。到底又是为什么呢?

一天中午,我家访了龚同学。

"我不能去学校。"他说话时,眼睛里充满异样的神情。

我问他:"能告诉我是什么原因吗?"

龚同学:"那么长时间没去学校了,别人会怎么看我?"

我没有想到,他心里还有这么一道坎。

我问他:"那么,你觉得别人会怎么看你呢?"

龚同学:"他们会以为我有心理疾病,所以才没来上学。"

我:"他们也可能以为你是身体不舒服呢?"

"也许吧,可是我还是很怕。"龚同学在说这番话时,眼睛与我对视了一下,我发现那种目光中透露着胆怯,又夹杂着乞怜。

我:"你能否告诉我,最怕的情景是什么吗?"

龚同学:"我一进教室,全班的同学都盯着我……太可怕了!"

我:"我理解你此时的心情,那是因为在家里呆太久了。你心里面是想去学校的,只是暂时缺少勇气。我陪你一起进校门,你会感觉好些吗?"

龚同学:"嗯……不知道。"

"明天早点到校,趁别的同学还没来时进入教室。"我忽然记得龚爸爸说过,他从小就喜欢打篮球,"如果你做到了,放学后我和你打篮球,怎么样?"

龚同学:"好吧,不过,我还是觉得很怕。"

第二天,龚同学勇敢地走进了校门。我也兑现了诺言,邀请他放学后打篮球,他很高兴。

班集体的温暖

为了帮助龚同学尽快融入班集体,感受到集体的温暖,班主任王老师提醒大家不要用异样的眼光看龚同学,还安排一位乐于助人的班干部与他同桌,平时监督他的听讲和检查他的作业。在课间,龚同学会主动找同学玩,彻底抛弃了"独行侠"的角色。在学校运动会上,班主任有意安排龚同学参加200米跑比赛。在同学们的加油助威声中,他精神十足,奋力拼搏,虽然他最后没有获奖,可是这次参赛本身激发了他的集体荣誉感,使他感受到了集体的温暖。

有一天中午,我从他们的教室门口经过时,看到他与同学有说有笑,我感到格外欣慰。

辅 导 效 果

三个多月的心理辅导之后,龚同学的网络沉迷现象有明显好转。他基本执行上网契约,正常上学,完成作业,每天23:00之前上床睡觉。用他自己的话说:"过去就想做了一个迷迷糊糊的梦!"他在家再没出现过打骂父母的现象,亲子关系有很大改观。龚同学上课注意力集中了,与同学交流增多,学习成绩也有了明显提高。

咨询师思考

在对龚同学的心理辅导过程中,我采用的辅导策略是:首先与当事人建立良好的咨询关系，其次通过认知调整和行为改变技术，签订"君子协议"、转移兴趣、改善家庭关系，最后促进其人际关系改善，融入集体，帮助他建立起克服网络沉迷的支持系统。

下面是我的几点反思：

1. 当我们面对问题学生的时候，不能孤立地看待学生的问题，而应把它放到家庭系统中去考虑。根据家庭治疗大师萨尔瓦多·木纽琴(Salvador Minuchin)的家庭系统理论，每个问题学生的背后都有一个问题家庭，要改变学生的行为就要把他放到家庭系统中去考虑。我对龚同学辅导时充分注意到这一点，从家长一开始强行断网，到后来立约使孩子合理上网，龚同学及其父母均做出了相应的改变。

2. 充分相信当事人，关注其积极的一面，激发其自身的正能量。按照积极心理学理论，凡事都应多从积极的角度进行思考和努力，激发当事人的正能量。"君子协议"体现出对孩子的尊重，激发了龚同学的责任感，帮助他有节制地使用网络。

3. 调动集体的力量，挖掘当事人周围可利用的资源。一个人在成长的过程中，总是要受成长环境的影响。龚同学的班主任和同学的积极帮助，给了龚同学温暖，不仅把他从网络沉迷中拉了出来，还修复了他受损的人际关系。龚同学发生的巨大转变，是同学给了他集体的温暖和学习上的帮助，也给了他走出网络沉迷的勇气。

督导点评

在互联网日益普及、"低头族"随处可见的今天，青少年网络成瘾更是普遍现象。网络成瘾的原因是多方面的，包括网络自身的优势(便利性、隐蔽性、及时反馈性等)、青少年个人因素和其所处的环境因素。当青少年在现实生活中得不到心理需求的满足,就可能会转向网络去寻找。本案例中龚同学就是一个典型,他性格孤僻,兴趣狭隘;学习成绩不好,缺少学业成就感和表现自我的机会。同时,龚同学的父母平时工作很忙,很少有时间陪孩子,使龚同学在家缺少应有的关爱和必要的监管;在学校的同学交往中,龚同学感受到的是人和人之间都是相互欺骗。在内外因的共同作用下,龚同学对现实生活产生了退缩回避的心理,把情感寄托在虚拟的网络上,并渐渐形成了"电脑才是我最好的朋友"的观念。

有关网络成瘾的鉴别和诊断争议较多,矫治的方法五花八门,但是真正的成效有待考证。本案例的辅导老师对此也进行了积极的探索,努力与龚同学建立良好的咨访关系,并在人际情感上做了有益的尝试。例如,借助龚同学母亲手术休养的契机,通过订立"君子协议"尝试改善亲子相处的模式。通过一起打篮球的奖励方式,鼓励龚同学进入学校学习。改善班级同伴交往的氛围,让龚同学逐渐感受集体的温暖。在学校运动会上,有意安排龚同学参加200米跑比赛,释放青春的能量,激发集体荣誉感。这些做法为我们今后解决学生网络成瘾的问题,提供了启示。

点评人:吴俊琳

浦东教育发展研究院教师发展中心心理教研员、浦东新区心理健康教育专业委员会副主任、浦东新区心理学科带头人

再见,妈妈!

施 敏

擅长青少年心理辅导,个人成长,抑郁、焦虑等情绪困扰咨询,善于和来访者建立关系,使之在轻松合作的情景下探索新的思考和行为的方式。

生离死别一直是人生最大的创痛。人们需要表达悲痛来哀悼失落,宣告分离,重新建立新的关系。

面对哀伤和分离,会有这样这两种认知出现:一种是最亲的人走了,世界显得更可贵,更值得珍惜,积极地面对死亡带来的前所未有的领悟和契机,这种认识会使生活更积极而有创意;另一种是最亲的人走了,一切美好都随之而去,世界已经没什么意义了,这种认知给人带来的影响就是,似乎生命在亲人走后停滞了,很多人无法走出悲伤,沉沦在悲痛中无法自拔。而本案中小文就是属于第二种情况!

小文是个五年级男生。在一次感恩主题课程中突然情绪失控,泪流满面,课后了解到作为单亲儿童,从小和父亲、爷爷、奶奶居住。小文母亲已因病去世,但家人觉得他年龄还小,怕他不能承受这份痛苦,所以一直瞒着他妈妈是在国外定居,小文一次偶然得知真相,美梦破碎,从高峰跌落到谷底,家人又一直处于回避状态,对他仍然只字不提,导致他天天都处于浑浑噩噩的状态,睡眠较差多噩梦,对家人反应开始冷淡。他在学校上课思想难以集中,成绩下滑,平时常常会一个人默默流泪,不太愿意与老师和同学沟通交往,连最爱的羽毛球训练也不去参加了,一直郁郁不欢,情绪低落。

"我没有妈妈"

"叮当姐姐,叮当姐姐,你快帮帮他吧!"我抬头一看,一个瘦瘦的男孩被几个同伴簇拥在门口,文静清秀的脸上满是悲伤绝望和痛苦,低着头轻轻抽泣,在一个阳光的午后,小文就这样进入我的心理辅导室。

小文并不主动,怯生生地躲在同学的身后,低垂着头,还不时地拉拉自己的衣角,当其他同学离开后,小文怯生生地坐在沙发上,低着头,默默不语,低声哭泣。对我所有的提问都是沉默回答。

我拿出人偶盒,鼓励他用人偶代替介绍自己。

小文终于抬起头，非常好奇，瞧了人偶盒里人偶，仔细甄别后吗，选了个白色的人偶拿出来，放在桌上，轻轻问道："这个可以吗？"

我鼓励道："当然可以，这个人偶看上去很特别，能介绍下么？"

他又默默地低下头，过了好一会儿说道："没什么，我就是随便选的！"

我拿起代表我的人偶，对代表小文的人偶说："你好，我是叮当姐姐！"

小文："你好，叮当姐姐！"

我："能介绍下自己吗？"

小文："我是小文。"

小文继续低下头，看着自己手中的人偶。

我拿着代表我的人偶对着他手中的人偶说："刚才看到你在哭，我能帮你吗？"

小文手里紧紧握着人偶，过了很长时间，轻轻地对着人偶喃喃自语："我没有妈妈。"

我立马直奔主题："你想妈妈吗？"这时他深深地点点头，又流下了眼泪。

之后小文如竹筒倒豆子，把心里的委屈都说了出来，我也感受到小文对我的信任。

妈妈是黑色的

这次来到心理辅导室，小文仍然表现出一脸迷茫，我能感受到他想倾诉却又不知道怎样表达自己内心的真实想法。我们继续上次的人偶游戏,他选择妈妈是用黑色的人偶,白色的人偶代表自己,两个人偶的位置是最远的距离——斜对角。我鼓励他用"人偶游戏"代入方式,尝试说出自己当下的直观感受。他低落地说黑色人偶是妈妈,从小对妈妈印象非常模糊,觉得离自己很遥远。

我问:"他(白色人偶)想靠近她(黑色人偶)吗?"

他迟疑地看看我,想了想,点点头又摇摇了头,不置可否。我和他约定第一次的辅导作业:"你回家收集关于妈妈的个人资料、照片、生日、爱好、星座,下次叮当姐姐送你笔记本,我们一起做一本有关妈妈的日记。好吗?"小文有些兴奋地点点头说:"叮当姐姐,能叫妈妈日记吗?我好想知道我妈妈是怎么样的!"小文内心世界得以开启,慢慢对我打开了心扉。

妈 妈 日 记

通过收集"妈妈日记"资料,小文对妈妈开始渐渐了解,从一个模糊的妈妈印象到有了具象的概念,第一次看到笑容展现在他脸上。这次我们继续人偶游戏,他用橙色人偶替代了黑色人偶(妈妈),绿色人偶代替了白色人偶(小文),原来人偶相互背对也改成面对,距离也比第一次近了很多。

我问:"为什么这样摆放?"

小文:"第一次看到妈妈照片,没想到我妈妈那么漂亮,留着短发,穿着开满向日葵的裙子,上次黑色人偶太丑了,我妈妈像太阳,我就像小树苗,树苗有了阳光才能生长!"

我:"你妈妈真漂亮,今天回家能和爸爸聊下妈妈吗?"

小文:"我不想。"

原本我想鼓励他回家和家人分享今天对妈妈新的感受,但小文直接拒绝。我明白小文对家人瞒着他母亲去世的这个心结尚未打开,有时候做心理辅导,不能操之过急,需要给当事人一些时间,所以我对他的做法表示理解和支持。

同时为了消除他和家人之间的这层隔阂,我又布置了"辅导作业"——妈妈小调查,记录下爸爸眼中的妈妈、爷爷眼中的妈妈、奶奶眼中的妈妈、外公眼中的妈妈、外婆眼中的妈妈,希望他能了解家人眼中的妈妈,同时促进小文和家人之间的互动,缓解之前的心结。

再见,妈妈!

这一次我和小文一起把家人眼中的妈妈摘抄入"妈妈日记"。我把心理人偶参照空椅子辅导技术进行辅导,先让他把妈妈和自己的人偶面对面摆好,让他扮演自己和妈妈两个角色,通过双方反复对话,使他开始理解家人对他撒谎的初衷,明白妈妈也希望他能开心地生活。并用"心理人偶"来宣泄他对母亲的思念,鼓励他和妈妈说再见。

我:"小文,前几次叮当姐姐通过和你做'妈妈日记',发现你妈妈非常漂亮,是个温柔善良美丽的母亲,看了你和她小时候的故事,她真的非常的爱你。"

小文带着微笑道:"叮当姐姐,原来小时候我妈妈那么疼我,我觉得好幸福。"

我:"小文,今天我们和妈妈告别,好吗?"

小文的笑容冰冻在脸上,拿着妈妈人偶的手也垂了下来,呆坐在那里一动不动。

我轻轻地扶起他垂下的手,给予他勇气和支持,温柔而坚定地重复道:"我们和妈妈说声再见,好吗?"他继续沉默。

我鼓励他先做放松练习,之后用人偶游戏方式和妈妈告别。

小文:(沉默片刻)"妈妈……"小文愣住了,始终沉默着。于是我让他拿起妈妈人偶,鼓励他看着"妈妈",这个告别仪式对他说有点困难,需要给予他一些鼓励与支持,于是我让小文跟着我一起说:"亲爱的妈妈,你是个美丽善良的妈妈,您离开我已经5年了,您对我的爱从来没有离开我,这5年来您一直在我心里,今天我意识到我已经长大了,我要跟您说再见了,我要迅速成长为一个男子汉,谢谢您把我带到这个世界,给予我生命,再见,妈妈!"

小文一字一句艰难地跟着我做这个告别仪式,当说到"再见,妈妈"眼泪终于夺眶而出。

良久,小文对着人偶,又加了一句告别:"妈妈,能做你的儿子,我很开心。"

最后他艰难地把象征"妈妈"的心理人偶从桌上慢慢拿开了。

小文呆呆地看着桌上"他"的人偶时,自言自语地说"小文真孤单!"紧接着我打开人偶盒子,问他愿意再找些人偶来陪他吗,他选择了代表爸爸和爷爷、奶奶的人偶,这也是他开始迎接新的建构模式的开始。

和爸爸一起做披萨

接着,我与小文讨论的重点是家人人偶的位置,一起讨论爷爷、奶奶、爸爸的位置颜色。他将爸爸的人偶放得很远,而且是背对着他,爷爷、奶奶的人偶放的很近,但是代表他本人的人偶是一直朝向父亲的。我鼓励他自己来演绎他父亲的人偶，帮助他开始理解自己的爸爸，并留最后一个辅导作业，让他和爸爸一起做披萨（爸爸职业是厨师），用行动代替言语来增进父子关系。我在和小文家长的沟通中也指导家长学会理解孩子，指出全然只把小文当作婴幼儿从而忽视他自己的能量和感受是不恰当的。小文的爸爸对此也深有感触。此后，父子从一起做批萨开始，逐渐学会享受亲子之间的亲密关系。

经过连续几次辅导，小文的精神状态有了很大改变，目前小文已经基本走出了心理的阴霾，脸上露出了笑容。

咨询师思考

哀伤是面对丧失时的心身反应，处于遭受失落的痛苦状态。直系长辈去世，尤其是失去母亲的悲伤事件，是导致小文情绪低落心理问题的诱因，因为这种失落涉及被剥夺的情形，非个人愿意舍弃。哀伤引起的情绪低落是学生较常见的一种心理失调症，是学生感到无力应付外界压力而产生的一种消极情绪。处于这一情绪状态下的学生，经常生活在焦虑的心境中，他们内心孤独却不愿向老师和家长倾诉。小文在妈妈去世后很久才突然得知真相，这种二次失落可能令人难以自处，给他带来了很大的压力，其在肉体上、心理情感上产生的损伤表现更为显著。小文的家人在真相曝光后不知道如何处理他们之间的关系，对他不能给予精神支持，导致他没有情绪发泄口和得知真相上的情感支持，继而感到无力面对现实而产生了消极情绪，产生焦虑和孤独，开始关闭和外界沟通渠道，不能面对问题，情绪失控。

东西方对死亡观念不一致，西方人更多的是让孩子去接受亲人离去、不存在的事实，而东方人则更习惯于对孩子说"善意的谎言"，编织更多美好的故事或愿望以达到眼前的解脱，殊不知这给小文心理问题埋下了不良的种子。因此，哀伤并不会造成问题，往往是逃避它反而会出现问题。

由于面对哀伤不是一种愉快的经验，小文家人的处理方式是不去面对和处理它，结果内在的冲突以及伴随的情绪始终没有消去，压抑到潜意识中，影响了小文的正常生活。由于妈妈过世，小文在幼小的时候失去这么亲的人，对他来说是一种创伤，他家庭的"善意"保护，使他失去了和妈妈正式告别的机会，所以小文关键就是要正式地和妈妈说"再见"。

在心理辅导中，告别会让小文暂时产生压抑和痛苦的感觉，当他面对这个事实时，他感觉到沉重和痛苦，而这个感觉正是他成长需要面对的。他可以想念妈妈，同时也要接受妈妈现在已经不能和他在一起了，当最亲的人走了，更需珍惜身边的人，这种认识会使小文的生活更积极而有创意，具有引导新的未来的可能，并从中得到成长与学习，寻找到正面意义，积极面对适应新的生活。

督导点评

哀伤，是一个沉重到让人不敢触碰的情感议题，所以在母亲去世以后多年，家人依然缺少带领小文直面事实的勇气，以至于真相在突然被揭开时，小文所承受的冲击更胜一般的母子分离。震惊、痛苦、绝望、愤怒……混合了这么多种深刻情感的哀伤辅导该如何展开？任何一位接待小文的心理辅导老师都会感受着压力和挑战，而施敏老师沉着专业地应对了这个挑战,让小文接受了母亲去世的无情事实,完成了对母亲的深挚悼念,度过了情绪陡降的危机,是一个值得推荐的哀伤辅导范例。

回顾施老师的辅导过程,我们会发现高度共情、创意实施是辅导中两个突出的亮点,它们可能是辅导取得成效的主要原因:

1. 高度共情

首先,个别辅导中,咨询师觉察、捕捉、反馈来访者内在的深刻情感,是谓"共情"。这项咨询辅导的基本技术,既是辅导关系得以建议和维持的前提,也有着让来访者确认本体感受、体会人际律动、重获改变力量的重要意义。在辅导中,我们看到这种共情并不是天然得来的,而是以施老师的专业知识储备和具体情境分析为前提。其次,施老师的语言精练,准确地提炼出了小文尚在混沌之中、未能言明的内在情感,过去被卡住的情感得以释放。最后,施老师在情感共振中为小文的情感去向导引了方向:告别母亲、发展新的支持系统,因为有良好的关系为前提,这样的导引自然顺畅。

2. 创意实施

因为认知、情绪、社交等方面发展水平的限制,学校心理辅导室的来访者往往不能用语言来表达他们的想法、感受,使得辅导受阻。在本案中,施老师和小文也一度陷入这样的僵局。但是施老师非常有创意地运用了表达性艺术辅导,借用人偶这样一个生动的外化手段,让小文的想法得以具象呈现,让辅导得以深入推进;在小文内心发生改变之后,施老师又引导他通过颜色、人偶位置的更换来呈现变化(猜想此处施老师也借用了一些家庭排列治疗的思想),而可视的变化对于辅导效果又是一种正强化。在辅导基本设置框架下的创意实施,符合孩子的年龄特点,对同行亦有启发之效。

施老师在辅导中曾鼓励小文回家和家人分享对妈妈的感受,遭遇了小文的直接拒绝。这种拒绝可能提示着辅导老师需要做两个考量:一是是否需要放缓辅导的推进速度;二是是否需要处理小文因被隐瞒而产生的愤怒情绪。

点评人:罗吾民

复旦大学第二附属学校专职心理教师、上海市首届学校心理健康教育吴增强名师工作室学员,先后任崇明区、虹口区心理学科骨干

学校适应篇

脑中有只小闹钟

杨丽霞

应用心理学硕士、国家二级心理咨询师、上海市中级学校心理咨询师，擅长CBT、OH卡牌、叙事疗法等技术进行自我成长、职业生涯规划、学业发展等咨询。

初次见面，相顾无言

一年级伊始，老师们发现小杰（化名）在学校从来没有说过话，起初大家觉得可能孩子需要一段时间来适应，但是3个月过去了，他没有任何改变：课堂上从不回答问题，老师怎么鼓励都无济于事，对课堂没兴趣；课下从来不和同学交流，大家都以为小杰不会说话，不喜欢和同学交往；自理能力差，书本、文具等杂乱无章，不愿意参加集体活动。

但是只要老师宣布放学后,无论是在家里或者其他任何场合,小杰都能流畅地与他人沟通,甚至经常会答应妈妈在学校里开口讲话,可始终没有兑现过。妈妈也带小杰去医院进行检查,没想到小杰在医院居然和医生侃侃而谈,医院检查排除自闭症、精神分裂症、智力低下、发育迟缓等发育障碍或心理疾病,医生说还要适应一段时间。可是时光飞逝,转眼间几个月过去了,小杰和开学时相比没有任何转变,在学校依旧一言不发。于是班主任老师找到我,希望通过心理老师的帮助能帮助小杰找出问题的症结。

初次与小杰同学见面是在班级的教室里,小杰在非常安静地吃饭,动作比较慢,吃完饭之后,我走到小杰身边和他打招呼,但是他只是呆呆地看着我,丝毫没有语言上的回应,旁边的同学直接告诉我"你不用和他讲话了,他不说话的……"这时班主任走过来,向小杰介绍了我的身份,并告诉小杰,我以后可能会找小杰聊天、做游戏等。整个过程中,小杰只是和我有目光上的接触,完全没有言语上的任何交流。

不为人所知的情绪状态

根据小杰的情况,我立刻想到了游戏辅导,游戏辅导是对儿童进行心理辅导时非常有效的一种干预方式,不少研究表明游戏辅导对选择性缄默症的儿童也十分有效,最重要的是可以克服小杰不言语的现状。

第一次辅导主要利用指偶游戏进行,通过指偶游戏引导小杰的自我表达。辅导时事先准备了 10 个动物手偶,我选择了一只小乌龟戴在自己的食指上,对小杰说"我是小乌龟,我今年 6

岁了,我已经上一年级了,你是谁? 你多大了?"此时小杰沉默不语,表情也没有任何变化,我继续说道:"你现在不想说话啊,那你就听我说话吧,我很喜欢我的学校,学校里有大大的操场,好多好多的书,还有很多的玩具……"当我自言自语了一段时间后,小杰渐渐地脸上露出了一些笑容,这时他拿起桌上的彩笔,在桌上写下了自己的名字和年龄,他甚至想开口讲话,但是就像嗓子被什么东西堵住了一样,不能发出声音。

就这样我用指偶的身份和他讲话,他把想告诉我的写在纸上,但是每当我表达情绪后再问他的情绪时他没有任何反应,如"我今天上美术课了,画了一棵大树,我很开心,我很喜欢上美术课,你上了什么课?"小杰会把上的课程写在纸上,但是当问及情绪感受时,他就不写了。就这样我们聊了一些与基本生活相关的话题,初步建立了关系。小杰虽然和我建立了一定的关系,但是还是有所防御,聊天内容始终不暴露自己的情绪体验。最后小杰自己选择了一只兔子指偶戴在手指上,并和我的指偶亲热地打招呼。

第二次辅导时我准备了自制的情绪脸谱,包括常见的开心、生气、难过、害怕、紧张、厌恶,希望小杰能通过情绪脸谱表达情绪。这次辅导还是以指偶游戏开始,不同的是这次当我说到情绪体验相关的事件时,我会拿起相应的情绪脸谱戴在自己的脸上,还会说出对应的情绪。如"今天下雨了,我不能出去玩了,我好难过呀!"同时拿出难过的脸谱戴在自己的脸上,并且喊出"好难过呀! 好难过呀!"当介绍自己的情绪后,我问小杰"你现在是什么心情呢?"他自己在纸上画了一个开心的表情,接下来当我问到上语文课、上数学课、上英语课的心情时他都画出了开心的脸谱,于是我把要衡量的相关人物、事件等都写在纸上,让他在旁边画出相应的情绪,同时我也会和他一样在旁边画出我的情绪,并且告之原因。在主要的任课老师旁边画的都是开心的脸谱,但是在同学旁边画了生气的脸谱,学校旁边空白,妈妈旁边是紧张的脸谱,爸爸旁边也是空白的,外婆旁边是开心的,但是爷爷、奶奶旁边都是难过的脸谱,问其原因时便沉默没有反应。最后我们用开心的情绪脸谱相互分享了几件开心的事情,他分享的是去游乐园、和××(某邻居)玩……最后,我用指偶对其说"今天能和你一起玩很开心",他也选了一个指偶,只是碰了碰我的指偶,结束了今天的辅导。

第二次游戏辅导结束后,妈妈和我约谈了一次,妈妈说小杰的父亲因为工作原因很少回家,平时都是电话联系,搬家后和爷爷、奶奶基本上也不怎么见面了,目前难以改变这种状况!同时表示自己是比较强势的,对孩子的学习要求也很严格,以后会注意。

你的愤怒在诉说什么

第三次辅导时我运用了联想帽游戏,这个游戏是用帽子代表不同的事物或者人物,用不同的词卡,如高、美丽、温柔、严厉、和蔼、想念、讨厌等,来形容这些帽子。

在第一轮游戏中,小杰选了两个帽子,分别代表小杰自己和他喜爱的狗狗Doggy,其中他给自己的词里有几个比较特殊:胆小、害羞、孤独和愤怒,这让我很惊讶,因为他平时看上去乖巧、安静,很难看出有愤怒的情绪。第二轮小杰选了三个帽子分别代表学校、老师和班级同学,其中老师和同学们的基本是中性词或者是积极词,但是对学校的用词都是负面的。第三轮五个帽子分别代表爸爸、妈妈、爷爷、奶奶、外婆,其中爸爸的帽子里有想念、讨厌,妈妈的帽子里有讨厌、严厉,不禁让我产生疑问,为什么给爸爸、妈妈的词卡里都有讨厌,为什么给自己的词卡里有愤怒?依旧和之前一样,到分享的环节,小杰就沉默了。

接下来引导小杰利用气泡膜(打包防震用的泡膜)来发泄自己的愤怒情绪,通过爆破气泡的过程让愤怒的情绪得到一定程度的释放,直到他感觉心情稍微舒畅后才停止,最后以指偶游戏结束。

你知道我在想你吗

前几次游戏辅导中小杰都表示出了对学校的讨厌、不喜欢,但是他还是喜欢学校的老师和同学,这让人感觉很矛盾,难道是我们学校的建筑风格或者是硬件设施让他不满意,于是这次我让小杰画出自己喜欢的学校,没想到小杰画的学校和现在的学校差不多,当我说出我的困惑时,小杰写出了一个地名,是自己的老家,并且旁边写上了爸爸两个字,我突然顿悟了:是不是小杰想在爸爸所在的地方上学?我继续和小杰确认"你想去爸爸住的那个地方上学是吗?"他突然很想说话,想喊出来,可是依旧没有什么声音。

接下来,小杰又画了几幅和爸爸、妈妈一起玩耍的场景,虽然画笔很稚嫩,但是可以看出和家人在一起时的开心。

第四次游戏辅导结束后几天,妈妈突然来找我,告诉我她和丈夫已经离婚很久了,他们之间也没有任何联系了,但是没有告诉孩子真实情况,或许这就是爸爸旁边脸谱空白以及对爸爸、妈妈持讨厌态度的原因,于是和妈妈协商,让妈妈把已经离婚的事实告诉孩子,并且告诉孩子虽然爸爸、妈妈离婚了,但是并不是孩子的错,适当地给孩子做出解释说明。

为了了解小杰现在对爸爸、妈妈离婚的态度,第五次辅导时先让小杰用纽扣摆出自己的家庭,他把妈妈和外婆放在一起,爷爷、奶奶和爸爸放在一起,但是没有放上自己。当问到小杰在哪里以及小杰的心情时他都沉默无反应。我拿起事先准备好的绘本《搬过来,搬过去》和他一起看了绘本,并通过问问题让小杰思考感悟,最后告诉小杰有时候两个很好很好的朋友也可能因为性格、生活方式等不太一样而分开,就像爸爸、妈妈一样,他们分开是因为爸爸、妈妈之间有很多不太一样的地方,他们生活在一起不开心,但是他们离婚不是因为你,和你是没有关系的……最后小杰画了一颗心,并在里面画上了爸爸、妈妈。

脑中的小闹钟不让我说话

第六次辅导时小杰看似比之前开心一些,但是选择情绪脸谱的时候他还是选择了一个难过的情绪,当问到不开心的原因时沉默不语,安静了10秒钟后他拿起笔画了一个钟表,时间指向8点,接着又画了一个时间指向4点的钟表,这个时间大约是我们上课和放学的时间,然后又拿起难过的情绪脸谱,在嘴上画了一个红色的大×,这是告诉我在学校里不能说话吗?可是为什么这段时间不能说话呢?当我提出自己的疑问时,小杰又不理我了。接下来他抢过我手中的笔之后随便写了几道数学题让我批阅,最后他写到"60分×,90分√",好像很在意这个分数,写好后又写了几个语文课本上的词语,后来又写了几句新学习的英文句子,每写完一句都要让我看看是不是写对了,如果对了就在旁边画√,但是如果写错了我划×,他就会很不开心,当所有的×变成√后,他才开心地离开了。

第七次辅导时,小杰进游戏室,我对小杰说"我今天很不开心,因为今天我把钥匙忘家里了,不能回家了",边说边投飞镖,同时让小杰想一下自己有什么不开心的事情,可以通过投飞镖把不开心的情绪抛出去,小杰笑着慢悠悠地拿起一个飞镖扔出去。我边说边投飞镖,小杰只是笑笑,跟随我一起扔飞镖,但是投飞镖的力气越来越大,当扔了6个飞镖时,小杰自己坐下拿起笔一圈一圈地在纸上划线,感觉很生气的样子,我拿出一团毛线让小杰像刚才画画一样用毛线绕圈,感觉这时候小杰已经很愤怒了,想要喊出来,但是始终没有发出声音,最后用剪刀把毛线一下下剪断,直到每一段都很短时才停下,露出一点笑容!但是当问及小杰在为什么事情而生气时,他依旧不语。

第七次辅导结束后当天,妈妈在放学后和小杰一起找到我,小杰居然主动和我说话了,他告诉我8点进学校就闭嘴,4点放学后就可以说话了,然后还说了很多开心的生活琐事。妈妈讲到临近开学时带小杰来学校熟悉环境,在操场和小朋友赛跑,赛跑的过程中还很兴奋地大喊大叫,一点规矩都没有,最后比赛输了,小杰很不开心,当场被妈妈数落了一顿:一点规矩都没有,以后还怎么在这里上课,老师和同学们也都不会喜欢你的。这时小杰才知道以后要在这里上学了,可能回不到爸爸身边了。妈妈平时对小杰的学习要求很严格,所以小杰进学校时会紧张,害怕犯错误,害怕自己表现不好,害怕惹妈妈生气,如果不说话就不会犯错误了,也没有人会批评自己了。同时小杰又觉得如果自己在学校表现不好,就可以送回到以前的地方学习,送到有爸爸的地方学习,但是现在知道自己不能再回到爸爸身边了,也放弃了这个想法。

当妈妈逐渐意识到自己和外婆带孩子存在的问题时,也开始慢慢反思,逐渐改变对孩子的教养方式。

小闹钟消失了

这次见小杰前,听班主任老师说虽然小杰讲话不多但是终于开始讲话了,见到他时他果然主动和我进行了简单的对话,这是第一次在上课时间他和我进行对话。我拿出准备好的花瓶和数张卡片,告诉小杰可以把自己担忧和愤怒的事情写在漂流瓶里,随着时间的流逝,我们可以慢慢地打败这些烦恼小怪兽,每张卡片上写一个烦恼,以后每次见面就打掉一个小怪兽,小杰口述,我帮其写好后让他再看一遍,他的烦恼有:我害怕回答问题、我担心同学不喜欢我、妈妈不要离开我等 6 个问题。

第八次游戏辅导后,小杰的选择性缄默现象完全消失了,我把小杰的烦恼也和班主任及家长沟通了,在班主任老师和家长的共同努力下,小杰现在已经能在学校里维持正常的学习和交往了,但还有些不自信,相信他会越来越好的。

咨询师思考

选择性缄默症(简称 SM)是指患儿在某些需要言语交流的场合(如学校、有陌生人或人多的环境等)持久地"拒绝"说话,而在其他场合言语正常的一种临床综合征。虽然小杰在学校以外的场合可以和他人正常沟通,但是在学校中已经持续 3 个多月不讲话,他的问题已经影响到了正常的学习和社交,并且排除器质性病变,根据DSM-5(《精神疾病诊断和统计手册》第五版)的诊断标准,结合小杰的整体表现,初步判断为选择性缄默症。成因分析如下:

1. 生物因素

有研究认为,选择性缄默症儿童的脑部杏仁核反应比正常儿童的反应更强,即使个体并不真正处于危险之中,它也可能会发起信息,产生自我保护的反应。据妈妈讲小杰天生就比较羞怯内向,很在意他人的评价,如果受到批评常会两三天沉默不语,而且爸爸也属于特别内向的人,有可能受到生物因素的影响。

2. 家庭因素

父母的教养方式会对孩子的发展产生深刻的影响,如果父母对孩子过于溺爱、过度关注和保护甚至是过度严厉,都会使孩子及其敏感。小杰的父母感情破裂,父亲长期缺席几乎不管孩子,导致小杰缺少安全感;平时主要由外婆抚养,外婆很溺爱孩子,对孩子过度保护,导致孩子自理能力比较差;另外母亲很强势,几乎对孩子的事情完全包办,导致孩子很内向、没有自主权。

3. 重大事件影响

孩子离开熟悉的环境,走进陌生的城市,进入陌生的学校,周围都是陌生的同学,很容易产生适应问题,而家长也没有做好预防工作,一方面在生活中一手包办孩子,另一方面在学习中对孩子要求苛刻,让孩子无所适从。

辅导思路

游戏辅导符合儿童的心理年龄特点,能够吸引儿童的参与度,实现非语言的沟通和交流,是一种非常有效的心理辅导技术。选择性缄默症是一种以言语障碍为表征的复杂的心理障碍,而游戏辅导可以以游戏为媒介,克服言语交流的障碍,了解孩子的真实想法,从而有针对性地进行辅导。第一次辅导采用指偶游戏主要是想通过游戏创造安全愉快的氛围,从而拉近和小杰的距离,建立良好的咨访关系;第二次辅导了解小杰的情绪状态,从细微处发现可能存在的问题;第三次通过游戏聚焦于特定的人物关系;第四次通过绘画找出症结原因,第五次处理小杰目前面临的问题,第六次小杰主动暴露了脑中的小闹钟,第七次主要发泄情绪,第八次梳理小杰的担忧,整个游戏过程中基本是小杰在做主导,我只是在跟随他的脚步,慢慢地陪他静待花开。

在心理辅导的同时积极联系班主任和任课老师,老师们在学校里努力营造无条件的积极关注、创设良好的班级氛围,同时辅导后期也逐渐得到小杰家长的配合,认识到家庭教育存在的问题,渐渐改掉了不良的教养方式。

经验与不足

这是我第一次接触选择性缄默的儿童,自己内心没有任何底气,尤其是第一次见面时小杰没有给我任何回应,也让我内心充满不安与紧张。但是在接下来的辅导中,自己能及时调整好心态,大胆假设,小心求证,跟随小杰的脚步,认真观察思考,发现活动中存在的问题,从而慢慢地走进小杰的内心,在游戏中积极与小杰互动,以小杰为中心,在和小杰的互动中发现问题的根源,并通过游戏解决问题。这也告诉我有没有经验没关系,关键是要用心走进对方,不急于求成,戒骄戒躁,追随来访者脚步,静待花开!

督导点评

这是一个新入学儿童在学校选择不说话,但在其他场合都能交谈自如的案例。选择性缄默其实是一个表面的状态,咨询师通过表面状态一步一步找到问题核心,帮助孩子走出困境,是一个成功的案例。

纵观整个个案辅导,如下几个方面是辅导取得成效的主要原因:

第一,游戏辅导的策略更适合低年龄的孩子。本个案的来访者是个刚入学的一年级小朋友,又无法用语言交流,咨询师采用了游戏辅导的方式,通过指偶、联想、绘画等有趣的形式贴近来访者的想法,将来访者的思维和情绪用这些媒介外化出来,既帮助来访者自己进行表达,又帮助咨询师理清了思路,更好地理解来访者的需求和问题的核心。

第二,以来访者为中心。在个案辅导的描述中,可以看到咨询师在对孩子进行辅导的过程中有很多疑惑的地方,咨询师并没有急着去解决疑惑,而是很耐心地陪伴孩子,让孩子用各种方式充分表达,咨询师的这些做法让孩子感受到了被无条件地积极关注,慢慢地更愿意和咨询师用非语言方式交流。

第三,与家长沟通,帮助家长调整教育方式。当在与孩子的辅导中发现一些家庭情况后,咨询师积极与家长沟通,了解家庭问题和家长的教育方式,帮助家长进行反思,改善教养方式,在这样的影响下,母亲也主动说明了离异的真实状况,咨询师在此基础上运用绘本帮助孩子处理这部分情绪,从而帮助整个家庭很好地处理了这一难题,这也是症状出现的核心。

第四,与任课老师和班级的沟通给孩子创造了良好的环境。除了在辅导室对孩子进行工作之外,咨询师还与班主任和任课老师进行交流,给班主任对孩子的教育提供建议,帮助孩子更好地适应小学生活。

学校心理辅导是一个系统的辅导,本个案的咨询师不仅以孩子为中心,同时关注到了孩子成长的家庭环境和学校环境,使几方合力,帮助孩子发生了改变。个案的处理有一些跳跃,很好奇每一次辅导的主题咨询师是如何确立的,如果这部分在个案的辅导思路中有更明晰的说明,也许可以帮助咨询师本身对自己的思路进行更好的梳理,也便于读者有更多的收获。

点评人:沈闻佳

华东师范大学第一附属中学心理组组长、虹口区心理骨干教师、华东师范大学心理与认知科学学院临床心理学硕士

频繁上厕所的小女孩

黎志辉

心理学硕士、国家二级心理咨询师，擅长通过游戏、绘画等表达性咨询技术进行儿童情绪问题、躯体不适、厌学、注意力不集中、网络成瘾等方面的咨询。

游戏是儿童的语言，玩具是儿童的字汇，儿童尤其是小学生因其身心发展的特点注定了对其辅导技术的独特性。当心理老师能借助一定的媒材将孩子们的想法具象化、拟人化、游戏化、合理化,并聚焦于某一个特定的点、画面或情境故事时,我们往往能更好地看见和理解我们的孩子,并最终帮助到他们。

她已经一个星期没来上学了

第一次见到贝贝,她是由妈妈领着走进心理辅导室的。只见她低着头、忐忑不安地紧紧跟在母亲的身后,看上去显得非常腼腆、胆小、拘谨。当她在老师招呼下小心翼翼地坐下来后,我才不动声色地仔细观察了这孩子,她个头偏瘦小、扎着个小马尾,坐姿有些僵硬,眼睛始终不敢对视老师,说话声音轻得几乎听不见。面对这个孩子,作为心理老师的我能清晰地感觉到她心里隐藏的那一丝羞愧、担心和害怕的情绪。

从妈妈的谈话中我们得知孩子最近已经有一个星期没来上学了,究其原因是因为贝贝几乎每节课都要频繁上厕所,多至3—4次、少则1—2次,而大多情况下又是无尿或很少尿的状态。为此孩子很苦恼,以至于只有每天穿了纸尿裤才能安心来上课,这段时间她不敢喝水,基本上就靠喝少量的橙汁来维持身体所需的水分。去儿科医院检查,无任何器质性病变,在家里也还算正常。

基于以上对贝贝的了解,我们将辅导目标商定为:第一,近期目标:建立信赖的辅导关系;找到孩子频繁上厕所的原因;借助沙具再现具体场景,通过游戏的方式宣泄焦虑情绪;通过绘画游戏、绘本故事、角色扮演,将问题拟人化、具象化、游戏化、合理化,从而潜移默化地改变孩子不合理的认知;借助绘本和游戏演练,改变孩子不合理的认知,增强其班级适应能力和应对嘲笑的能力。第二,中期目标:学会情绪管理的简单技巧，能适当地表达自己的情绪，减少因情绪引起的不恰当行为；参加各种集体活动，在活动中提高情绪表达、同伴交往和应对挫折的能力。

幼儿园尿裤子事件

第一阶段：建立良好的辅导关系，通过沙具摆放，再现其所经历事件的具体情景，找到问题的原因，缓解孩子的焦虑情绪。

为了跟孩子建立良好的辅导关系、更好地了解孩子的情况，我们先从孩子的兴趣爱好着手，聊了孩子感兴趣的事情，并借助沙盘沙具呈现主题"我的一家"，以此了解孩子的家庭亲子关系及氛围。从孩子摆放的作品尚看不出家庭存在的问题，于是我就顺势将主题从"我的一家"过渡到"我的幼儿园"。不一会儿贝贝就把自己的幼儿园呈现了出来，老师通过一边讲故事一边移动沙具的方式具体呈现孩子在幼儿园的一天生活情景，并与贝贝共同分配角色。然后再自然引入"幼儿园尿裤子"事件，再现当年情景，将之具象化。通过打分，了解孩子当时所处情景中的焦虑指数——贝贝描述"尿湿裤子后在厕所等待的焦虑指数为9.9分"。可见孩子当年在幼儿园尿裤子后是多么的紧张。于是，我继续通过角色扮演的方式让孩子把自己的恐惧、担心、害怕等情绪用语言表述出来："我担心小朋友会笑我、担心阿姨不喜欢我、害怕一个人在里面呆着、裤子湿了一点也不舒服……"然后，通过续编故事结尾，引导孩子发散思维，进而呈现多元化的情景，让孩子意识到原来有很多小朋友有过尿裤子事件呀！我也趁机进行自我暴露，呈现自己童年尿裤子的经历，从而进一步降低贝贝的焦虑情绪。

这时,老师已能明显感觉到贝贝的心情轻松了许多,她第一次主动开口向我提了两个问题:"老师,为什么小朋友会忍不住要尿尿呢?""有的老人为什么也会尿裤子呢?"至此我们的辅导进入第二个阶段。

我和"皮皮"的故事

第二阶段:通过绘本故事、绘画游戏、角色扮演、故事续编等方式,从儿童的视觉看待问题,以拟人的方式轻松化解孩子心中的困惑,改变孩子的认知,化焦虑无助为淡定可控。

顺着贝贝的疑问,老师借助绘本故事《尿床事件》中的图画,以儿童的语言跟贝贝讲述了"尿是怎么来的?""我们又是怎样排出尿的?"的原理,并重点指出"膀胱"这个器官,讲了它独特的作用和特点。然后让她把膀胱画下来,并给它取个小名。以下是贝贝的画,她给膀胱取名为"皮皮"。

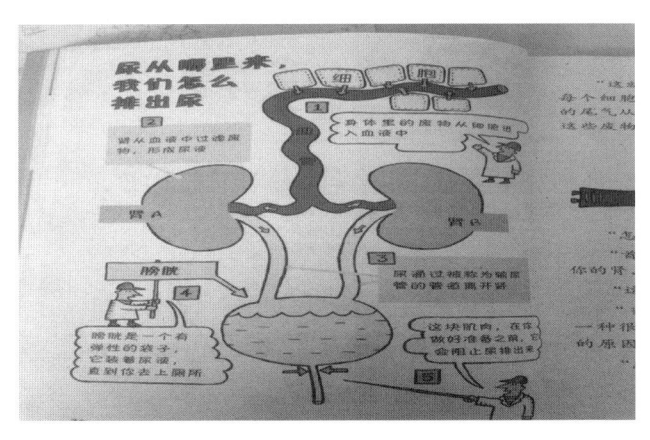

图1 尿从哪里来?我们怎么排出尿

图 2 贝贝的画——皮皮

接着,老师引导贝贝把想对他说的话写下来或者画下来,并提问"如果皮皮很调皮,你会怎么说怎么做?"

图 3 "如果皮皮调皮怎么办?"

然后,老师让贝贝想象一下皮皮的成长,把不同年龄阶段的皮皮画下来。

贝贝画出来是这样的:幼儿园时的皮皮是"尿裤子、哭、尿液储存的很少";上小学时的皮皮是"偶尔尿裤子、调皮捣蛋的、尿液储存比幼儿园要多";长大之后的皮皮是"不会尿裤子,是开心快乐的、能储存很多尿液"(图4)。

图4 皮皮的不同阶段

我是皮皮的"小主人"

第三阶段:仔细体验"皮皮"给自己发出的信号,学会辨别哪些是假信号,哪些是真信号,从而增强其对尿尿这件事的可控性,做皮皮真正的小主人。

看到贝贝脸上露出的笑容,老师马上给贝贝倒了一大杯水,想让她仔细体会皮皮给她发出真信号时的感觉。贝贝毫不犹豫地喝完了第一杯水,这可是她这一星期以来第一次喝水呀!不一会儿,贝贝又向老师要了一大杯水喝。正如预料的那样,很快贝贝就要上厕所,并跳着跑回来惊喜地告诉老师"老师,是真信号耶!"

至此,孩子心头一直压着的石头似乎终于放了下来,能明显感觉到她整个身心的放松状态。从孩子画的不同年龄阶段的皮皮的状态、心情,能感觉到贝贝对自己未来的信心,以及对尿尿这件事的可控性。当皮皮调皮发出假信号时,她就会用手摸摸自己的肚皮,然后在心里默默地跟皮皮对话,俨然一副小主人的样子。通过角色扮演、续编故事,贝贝的焦虑指数大大降低,由以前的9.9分变为4分。贝贝开始主动跟老师互动,还向老师展示自己的特长。尤其是这一次看到贝贝欢快地蹦跳着走路的样子,觉得久别的童真又重新回到了她的身上,老师从心底为孩子感到高兴!贝贝显得非常开心,似乎困扰了许久的问题终于得到了解决!随后贝贝答应了下周一会来校上课。

不怕被嘲笑

为了帮助贝贝将辅导中学到的应对策略运用于真实的课堂学习及集体生活中,增强她班级适应能力和应对嘲笑的能力;为了帮助贝贝改变不合理的认知,懂得应对嘲笑的本领,老师与贝贝一起共读了绘本《不怕被嘲笑》:(1)让其明白被嘲笑这种行为经常发生,很平常,接受这个事实很重要,因为我们没法控制别人的嘲笑,但可以控制自己的反应,我们有很多办法可以让自己感觉好受一些;(2)理解这不是你的错,而是嘲笑别人的人的问题,通常友善的人是不会轻易去嘲笑别人的,通过绘本改变贝贝对自己不合理的认知,维护了自己的自尊心;(3)学会一些应对嘲笑的具体技巧。比如,做自己,多看到自己的优点,寻求帮助,学会幽默自嘲,不理会嘲笑,深呼吸保持冷静等。

只有认知还不够,于是我选取了孩子喜欢的一种应对技巧与其进行角色演练,比如"幽默自嘲",老师扮演嘲笑她的同学,贝贝的回应则是:"是的,我的确是要去上厕所了,谢谢你提醒我!"说完可以朝同学微微一笑挥挥手。通过几次反复的演练,贝贝应对起来也越来越自然、从容、淡定。

咨询师思考

1. 问题初评

贝贝第一次出现尿裤子是在幼儿园中班的时候,由于当时的处理欠妥当,孩子有了一定的情绪积压,她也没有学会如何应对类似事件。这次是升入小学三年级时,通常三年级对小学生来说是又一个转折点,升入三年级,孩子们的学习要求和学业任务都会较一、二年级有所提高,贝贝在无任何器质性病变的情况下出现这种症状可能就是因为暂时的不适应引起的,而这种不适应唤起了她幼儿园时的记忆,当这种焦虑的情绪没有得到有效缓解时,就会转化为躯体症状。

2. 干预方法

本个案用得最多的方法就是表达性艺术辅导技术。通过绘画、沙盘沙具、讲故事、角色扮演等媒材将贝贝的想法一点一点具象化、拟人化,并聚焦于某一个特定的点、画面或情境故事,从而将孩子的想法游戏化、趣味化、合理化,以此达到缓解孩子的焦虑情绪,引导孩子顺利适应三年级的学习和生活。

3. 咨询感受

从事儿童心理工作的这些年,我越来越深切地感受到一名小学心理老师的重要性和价值感,也深切地体会到游戏辅导的内在魅力和对孩子们的影响。当我把这些表达性艺术辅导技术运用于我的案主身上时,我发现孩子们的变化是令人无比惊喜和欣慰的。希望自己能继续沉下心来潜心钻研,用自己的专业去帮助更多的孩子和家庭。

💡 督导点评

本案例呈现的是一例小学生由于焦虑情绪产生躯体症状,进而影响学校适应的问题。案例中来访者由于在学校频繁如厕产生困扰,并因此无法正常学习。在没有任何器质性病变的前提下,咨询师判断来访者频繁如厕行为的背后应该有尚未解决和处理好的情绪积压,在咨询过程中,咨询师有几点值得肯定:

第一,咨询师与来访者之间建立了有效的咨访关系,为咨询过程的逐步深入奠定了基础。来访者因为频繁上厕所前来求助,咨询师敏锐而清晰地察觉到来访者羞愧、担心和害怕的情绪,并通过适时恰当的自我暴露,帮助来访者降低焦虑情绪。良好的咨访关系有助于增加来访者对咨询师的信任度,也让来访者在之后角色扮演等咨询过程中逐渐打开心扉。

第二,咨询师使用表达性艺术辅导,使得咨询过程得以顺利推进。咨询师结合小学生身心发展特点,巧妙地采用沙盘、绘画、角色扮演等表达性辅导方式,将来访者的想法具象化、拟人化、游戏化、合理化,来访者在游戏、绘画和扮演中,感受到咨询师对自己的接纳,也逐步释放了自己的焦虑情绪。

第三,咨询师与来访者商定的合理目标和清晰阶段,保障了咨询的成效。面对来访者的问题,咨询师与其商定了较为合理的近期目标和中期目标,并通过各有侧重的三阶段辅导,有针对性地解决来访者的困扰:第一阶段通过沙盘游戏,缓解来访者幼儿园时期发生但未曾正确处理的焦虑情绪;第二阶段通过绘画和故事,让来访者客观地了解如厕时人体生理反应的过程,化解来访者的困惑;第三阶段,通过行为改变让来访者区分如厕的"真假信号",逐步提高来访者的自我掌控感。

咨询师还注意到帮助来访者将本案辅导中所学到的策略,应用到班级适应的其他方面,值得肯定! 在本案中,如能注重到家庭支持系统的建构和支持,并及时跟踪了解来访者日后的情况,将会更好地帮助来访者的心理成长。

点评人:宋美霞
松江区心理健康教育研训员、松江区德育名师

她为什么不想上学？

欧阳海玐

上海市中级学校心理咨询师、生涯规划师，徐汇区未成年人心理健康辅导中心"十佳咨询师"，擅长青少年学习、情绪行为、亲子沟通等问题咨询辅导。

下午放学铃刚刚响起，小蕊由妈妈带着，敲响了我办公室的门。第一次见她，瘦小的个子，苍白的小脸，怯怯地倚着妈妈，一只手拉着妈妈的袖子不肯松开。在此之前，她的班主任老师告诉我，她有严重的厌学情绪。

厌学的孩子普遍表现为将学习视为一种负担，学习时感到痛苦，讨厌上学，不爱做作业或者拖拖拉拉。一到上课，就肚

疼头疼,一看书就犯困,注意力无法集中甚至不想上学,不愿到学校。

一个天天迟到的孩子:"我不想上学!"

小蕊是经班主任老师介绍前来咨询的。她今年刚刚上一年级。胆小孤僻,课间呆呆坐在位子上,与同学相处不合群,恐惧上学。她的学习态度让老师和家长非常担忧:回家作业经常不按时完成,上课天天迟到,有时甚至中午11点才到学校。班主任向我反映:"这个孩子上学期还是偶尔迟到,从这学期开学到现在天天迟到,没一天能够按时到校。上课时也是无精打采的样子,注意力无法集中。"

一年级的孩子,课业压力并不大,为何会产生严重的厌学情绪?我意识到这个现象的背后可能有更为复杂的原因,如个体、家庭等因素的影响,使她产生了不良认知,进而发展到厌学。

小蕊一进门,垂着头不说话,自顾自坐上了沙发。她的妈妈眉头一直紧锁,低声训斥她,让她站起来自己说情况。小蕊并没有理睬妈妈,继续低着头不知道在想什么。我轻声安慰:"没事儿,先让小蕊坐着休息一会儿。"

小蕊母亲深深叹了一口气,仿佛打开了话匣子:"这孩子,天天晚上11—12点才睡觉,有时甚至到2点才睡。早上怎么叫,也不肯起床。天天上学,哭着闹着不肯进校门。回家后也不愿做作业,每天很晚才睡觉。我们担心她,问她在学校的情况,她也不理我们。现在的孩子,哎,怎么办呐!"

听了妈妈的话,小蕊忽然抬头,反复大声道:"我就是不想上学,上学就看不到妈妈了,我就想跟妈妈在一起。"

"你想和妈妈在一起,那你听我的话吗?"她母亲打断她。

"我为什么要听你的话啊,你在家也一直不听我的话呀,一直跟爸爸吵啊吵!我让你不要吵了,你还经常对我发火!"小蕊的眼泪夺眶而出。

她妈妈赶紧解释说,"还不都是因为你!"小蕊立即起身,边抹眼泪边激动地说,"自己一点小事,就跟爸爸吵,还说因为我,哼!"

我递上纸巾,轻声询问:"那妈妈因为什么事跟爸爸吵呢?"小蕊说,"我不知道,问她去!她还说,她不要我了!都是因为我拖累了她!"

看见小蕊又气又恨又伤心的样子,我抚摸她的头,弯下腰看着她的眼睛,关切地对她说:"我理解你,父母吵架,你感到害怕和孤独,是吗?"

"他们不爱我,我也不爱他们!"小蕊愤愤地说,哭得更加凶了。我扶她坐回沙发,搂着她让她尽情宣泄。"我相信你的父母是爱你的,你也同样爱你的父母。"我温和地安抚说。

一旁的妈妈看见小蕊大哭,也忍不住默默流泪说,"妈妈是爱你的呀,妈妈为了你,辞了工作,就是为了好好照顾你啊!"后来妈妈明确表示,很爱小蕊,并且一再强调,再也不对小蕊发火了。

从小蕊妈妈口中了解到,小蕊妈妈是全职太太,主要任务就是每天在家带小蕊。而爸爸是外国人,大学文化,小蕊出生后,爸爸就来到上海,现在浦东外高桥从事软件开发。平时上班很忙,周六周日还经常加班,平时下班回到家,也是要到晚上 8:30 左右,回到家,看到孩子功课还没做好,并且看到妻子喋喋不休地管教孩子,他就认为这样是不对的,要让孩子快乐学习。于是,夫妻之间由于教育观念的分歧开始了争吵,孩子就自己玩平板电脑,等到夫妻争吵完毕,再来管孩子,已经是深夜11点、12点了,然后洗洗睡觉,每天的作业也没能完成。早上孩子由于睡眠不足,不肯起来,孩子也不愿到学校。几乎天天是10点后才强行被拖到学校,每天都要大哭一场。

小蕊口头上是说不爱妈妈,但实际是寸步不离妈妈,连晚上睡觉也是和妈妈同睡一张床,还不肯睡觉,害怕醒了又要离开妈妈,害怕又要上学。

缓解家庭矛盾,寻求突破

正如我预料的,孩子的厌学很大程度上来自家庭的因素:冲突的家庭导致孩子睡眠不足,情绪不佳,没有安全感,害怕妈妈离开自己,不愿离开妈妈,产生厌学情绪。

夫妻在教育孩子的观念方面发生分歧,引发家庭矛盾,因而咨询的着眼点是缓解家庭矛盾,帮助并纠正孩子的不良习惯,发展健康心态。我们约定下次咨询的时间,再共同去解决问题。

在辅导过程中,我希望通过家校互动,首先为孩子创设一个安全、温暖的生活环境,然后通过认知疗法,让孩子学会重新认识自己、赏识自己、相信自己,找回自信自尊,逐渐消除厌学心理。

根据收集到的资料与评估,同小蕊及其母亲协商,确定如下咨询目标:

(1)近期目标:纠正孩子的不良习惯,早睡早起,按时到校;家长尽快解决夫妻矛盾,让孩子有一个轻松愉快的学习环境。

(2)远期目标:帮助孩子控制情绪,培养学习兴趣,养成良好的生活和学习习惯,发展健康心态。

第二次咨询时,小蕊和妈妈如约来到心理咨询室。一进门,坐下,这次小蕊懂事地把沙发让给了妈妈坐,自己坐在一个圆凳上。我倒了两杯水递给她们,妈妈喝了口水,小蕊也凑过去,喝了一口妈妈的水,自己的一杯未动,从中明显看出母女关系的改善。

我分别让她们两人谈这周的情况。小蕊这次的话明显多了,她抢着说,"我先说,我先说!妈妈有时候还会生气,还会骂我,还是天天跟爸爸吵架的"。说话的时候,已经不像上次那样闷闷的了,说着还偷偷看了一眼妈妈,嘴角还微微向上翘了一下。

妈妈赶紧说:"妈妈没有生气,妈妈没有骂你,妈妈是在叫你做功课。你每天回家就不肯做功课。"

这一周,小蕊有所改变,看起来,心情好了一些,但还是能看出很疲惫,晚上还是很晚睡觉,即使早睡了,也在床上辗转反侧,睡不着。妈妈也试着去改变了一些,但夫妻的争吵,也没一天停过,往往还是争吵到晚上12点钟,严重影响孩子的休息和睡眠。单独在一起的时候,我劝说小蕊的母亲:"不管是什么原因,为了孩子,请不要在孩子面前争吵,更不能因为争吵而影响孩子的休息和睡眠。"

后来,妈妈说了,小蕊爸爸最近准备去找房子,搬出去住。离单位太远,下班也晚,回家很晚,影响了孩子的休息。还有夫妻天天吵架,还是决定搬出去,彼此冷静一段时间再说。小蕊也希望她爸爸搬出去住,因为回家就吵架,她也厌倦了。

我告诉小蕊妈妈,大人间的事情,自己要处理好。但大人要给孩子一个明确表态,让孩子明白他们都是爱孩子的,只不过一些特别原因而暂时分开。

小蕊爸爸在双休日需要回来看望孩子,给孩子父爱,这在孩子的成长过程中也是重要的一部分。

和妈妈的行为契约

又一次见到小蕊是在一周之后,感觉她的精神状态明显比以前好了。进来的时候还拉了拉我的手,对我甜甜一笑:"欧阳老师好!"据妈妈的反映,家庭关系已经有了明显的改善:小蕊的爸爸还在找房,没有搬出去,但回家之后吵架的频率已经减少了很多。因此,现阶段心理咨询的主要目的是为孩子培养良好的作息和学习习惯,发展健康的心态。

为孩子设立具体行为目标,通过奖励强化良好行为可以促进该行为的出现频率,行为得以产生或改变。所以经过我们三人共同商议,制定了行为契约:

1. 回家就做作业。

2. 平时做好作业后,才能玩电脑玩半小时。

3. 每天晚上 8:30 之前睡觉。

4. 每天按时到校。(早上 8 点前)

每天对照行为契约,进行评价。做到了,画五角星,妈妈适当地进行奖励。我问小蕊:"你觉得这样可以接受吗?"小女孩频频点头,并对我保证可以做得到的。两周后,我们再来对照行为契约进行商讨。

第四次咨询的时候,我们对照行为契约记录表,讨论这两周发生的变化。孩子抢着说:"我大部分时候都做到了!但是上次我去奶奶家，回家晚了，就往后推了一些时间。"我表扬了小蕊说到做到，鼓励小蕊继续坚持，并安慰说特殊情况可以做适当的调整。小蕊开心极了，蹦蹦跳跳的。

小蕊的妈妈也针对做到的行为给予了奖励，并且着重强调了孩子做得好的地方。现在孩子情绪也发生了转变，更加融入同龄人中，下课也不再一个人坐在座位上，而是喜欢走出教室和同学一起玩了。在家里，她对待妈妈不再是怒气冲冲，妈妈也不再唠叨、将负面情绪转嫁到孩子身上。

然后，我和小蕊妈妈继续商讨之后的学习生活计划，请妈妈继续记录行为反应，对正向的行为结果进一步进行强化，从而培养孩子良好的学习习惯，改变学习态度。最后，共同巩固咨询效果，结束了这一次的咨询。

温馨的家庭是孩子成长的阶梯

温馨的家庭生活和良好的家庭学习氛围，是孩子成长的阶梯。反之，一个充满"战争"气氛的家庭，只能给孩子带来焦虑和不安；孩子没有一个轻松愉快的学习环境，心理上有压力，就容易产生厌学情绪。

经过4次辅导，小蕊改变了与妈妈和爸爸的关系，每天早上虽然还会不肯起床，但上学开心多了，再也没有哭闹的行为。学习成绩也慢慢改善，班主任老师也说她行为习惯好了很多。为此，她妈妈还专门到我办公室向我道谢："感觉孩子整个人状态好多了，在家也有笑脸了。"

本个案针对一年级学生小蕊的厌学情绪和行为，分析其情绪和行为产生的原因，有家庭因素的影响，也有个体因素的作用,加上人际关系不良因素的影响,使她产生了不良认知,进而发展到厌学。但是经过家校互动,从而创设一个安全、温暖的成长环境,同步进行认知疗法,帮助小蕊重新认识自己,找回自尊和自信,更好地融入学校生活,健康快乐成长。

咨询师思考

在辅导小蕊的过程中,我自己也收获良多。

1. 合理宣泄。像小蕊这样的孩子,成天生活在"战争"家庭,身上会有许多负面的情绪,如果长时间找不到人倾诉,就会变得压抑、偏激,对她的成长不利。所以合理地释放她的不良情绪,对小蕊是非常重要的。

2. 帮助小蕊重新认识自己的家人,改变她原有的不适当的想法,重新建立起良好的家庭人际关系,促进她的改变。

3. 重视家庭的氛围。小蕊的主要问题是由于家庭的"战争"给孩子带来焦虑和不安,孩子处于一个"问题"家庭,引起厌学情绪。因此要求父母改善他们的家庭关系,给予小蕊一个温馨的家庭,给予小蕊关爱和温暖,帮助小蕊健康成长。

4. 学校老师也及时关注孩子,发掘孩子在学校的闪光点,及时鼓励,让她感受到在学校的快乐。

虽然本次的个案咨询结束了,但是依然要继续关注孩子,在孩子生命成长的重要时期,为孩子设立具体行为目标,通过奖励强化良好行为,从而促进该行为出现的频率,改善家长、学校教师对孩子教育的环境,循序渐进,积极促进孩子良好习惯的形成。

关爱孩子成长的路,任重而道远。

督导点评

如何评估分析来访者的问题与缘由,确定咨询的切入点与关键问题,对心理咨询的成效有着十分关键的作用。

咨询师值得肯定的地方

由于家庭问题、夫妻"战争"、亲子冲突导致了小蕊睡眠不足、情绪焦虑、安全感缺乏,小蕊害怕妈妈离开自己,自己不愿离开妈妈、想跟妈妈在一起,这是小蕊不想上学的根本原因。

爸爸妈妈长期的夜半争吵导致小蕊害怕恐慌、睡眠不好;小蕊长期睡眠不足,必然会出现早晨起床困难、上学迟到、上课无精打采、注意力难以集中的现象,影响学习的效率和学业的质量;学业困难又进一步挫伤了小蕊的学习兴趣和学习成就感,使得小蕊更加不愿上学、害怕上学,这是一个恶性循环。

咨询师重视小蕊的消极情绪宣泄和家庭氛围的改善,运用认知行为疗法,帮助小蕊发掘自己的闪光点,及时肯定鼓励,让其感受到学校生活的快乐,建立学业自信;运用行为契约法对小蕊的行为进行训练与矫正;指导家庭人际关系和家庭教育,通过家校合作,培养小蕊良好的学习和生活习惯。

从小蕊的情绪和行为的变化来看,个案咨询取得了明显的效果。

咨询师可以改进的地方

厌学一般是指学生对学习缺乏兴趣以及对学习表现出

明显的厌恶,本案中的小蕊对其不想上学的原因有清晰的表达,即"我就是不想上学,上学就看不到妈妈了,我就想跟妈妈在一起"。对于小蕊对学习本身的兴趣或厌恶情况,咨询师需要做作进一步的了解,以便准确评估小蕊的问题。

点评人:曹凤莲

上海市风华中学心理健康教育中心主任、上海市静安区高中心理学科带头人、上海市中小学心理辅导协会副秘书长,华东师范大学兼职导师

我和老师的关系变好点了

胡 霞

国家二级心理咨询师,长期从事社区未成年人心理健康普及教育和个别辅导,擅长用沙盘、OH卡与孩子沟通,辅导孩子和家长面对成长中的心理困惑与问题。

班主任总是针对自己

小亦同学是一名五年级男孩,长得虎头虎脑,稍微有点胖,看上去很结实。第一次来咨询时跟在妈妈的后面,耷拉着脑袋,感觉好像是做错什么事一样没精打采。

我问小亦："你知道妈妈为什么带你来这里吗？"

小亦迟疑半天后轻声说："老师经常批评我，还要妈妈去学校陪我上课，所以妈妈让我来这里吧。"

我说："哦，能和我说说为什么老师要批评你吗？"

小亦低着头半天不回答。

看着孩子似乎对这个问题很抵触，我说："看来小亦对老师的批评不是很认可，小亦，那我能让妈妈说说老师对你的想法吗？"

小亦看看妈妈，轻轻点点头说："嗯。"

妈妈说："小亦在学校比较调皮，会和同学打闹，上课小动作多，上周上课时用红领巾系窗帘，把绳子放到窗外，楼下班级的老师看到绳子垂下来这么长影响了同学们上课的注意力，就上来向班主任告状了，老师很生气打电话跟我说。我平时上班很忙，孩子经常发生这样那样的事情让我上班也很受影响，所以想请胡老师帮孩子做做心理辅导。"

我看着小亦轻声问："小亦，你觉得妈妈说的需要补充或是修正吗？"

小亦说："是的，不过红领巾系窗帘是因为风大，天气又热，我想把窗帘扎一下不让它老吹到我头上。绳子垂下去是上自习课的时候我作业做完了，没事就玩一下，我也不知道会影响到下面班级，我不是故意的。"

在与小亦更多的交流中，我了解到小亦觉得班主任老师对自己有偏见，小学二年级开始就有了，不是自己做的事情，或是别人也做的事情，班主任就批评自己，要自己写检查，还要家长一起写。班里一个小干部也总是盯着自己，稍有差错就记录在小本子上，最后告诉爸妈。前两周妈妈陪着自己每天去学校上早自习，自己很不喜欢这样。昨天因为在班级甩剪刀差点碰到同学，班主任又要求家长全天陪自己上课，妈妈说要考虑让爷爷来陪自己上课，但是自己不同意，认为就是班主任故意为难自己，针对自己，心中充满对班主任老师的不满和怨恨。

为什么会这样呢？

第二次咨询时，小亦说自己这周在学校因为别的同学咳嗽担心会有水痘传染，就把窗户打开，别的班级已有同学患上水痘被隔离了，但其他同学说冷，老师就要求自己把窗户关上，然后小亦就用餐巾纸捂住鼻子，老师说自己行为夸张，自己就很不服气也很不高兴。爸爸妈妈也认为孩子这样捂住鼻子没有必要，还影响上课。孩子觉得自己的委屈没人理解，每次父母都认为是老师对的。妈妈说孩子在读小学之前是一个特别乖、特别讨人喜欢的孩子，真是搞不懂读小学后怎么就表现越来越差了呢？

在与孩子父母单独交流之后，我了解到父母的教育方式是比较严厉的，妈妈在孩子一年级的时候开始陪孩子做作业，稍有写字不端正就要求擦掉重写，妈妈现在反思觉得孩子现在做作业慢，有点追求完美的倾向，可能和自己这样的教育方式有关。而爸爸主要负责陪孩子读奥数，孩子做不出题目时，经常被爸爸骂甚至揪耳朵，孩子因此很害怕爸爸教自己奥数，但在奥数培训班里自己的奥数成绩是班里最好的，所以还在一直读着奥数。此外进入小学后，爸爸妈妈经常因为做作业问题、学校老师批评等原因，在家用铁衣架打孩子。从父母所说的打骂教育孩子的经历中，可见父母一方面对孩子的期待很高，但另一方面对孩子的情绪感受是比较忽略的。现在孩子在学校有时候也会表现打骂同学的行为，在家里偶尔也有摔抽屉、打小狗小猫的行为，孩子的这些行为和心理学中的踢猫效应很相似，把来自老师和父母生气不满的情绪转移发泄在小狗小猫身上。

在与小亦的个体咨询中我让他做了一个初始沙盘，小亦花了近半小时完成了，取名为军事防御基地。

从小亦的沙盘制作过程、在学校不被老师接纳的种种行为表现，及父母比较严厉的打骂教育来看，我初步评估孩子内心有很强的不安全感，情绪容易被激怒，对班主任有抵触情绪，对班级里记录自己不良行为的同学有愤怒情绪，对学校其他老师和同学没有很大的不良情绪。行为上有些好动，偶有攻击行为。

为此我拟定的咨询策略是：以沙盘游戏的方式倾听、理解孩子的心声，让孩子在沙盘制作中自我探索，获得掌控感，提升安全感；用认知行为治疗调整孩子的偏差认知，改善情绪，提升行为自控力；同时用短期焦点咨询技术指导父母多给予孩子心理支持和鼓励，提升孩子的内在力量，从而减少孩子内心因为不安担心而对于外在的同学和老师表现过度的对抗和防御。

指导父母用正向眼光看待孩子

妈妈告诉我因为孩子的学籍不在现在就读的学校，总担心如果孩子在学校表现不好就会被退学，只要老师一批评，孩子回到家就会遭到父母的一顿打，打一次常常能好三天，但现在老师觉得五年级毕业班学习更紧张了，需要家长陪着孩子一起上课，以便保证课堂纪律，不影响其他同学的学习。妈妈觉得发生这种事情实在很丢人，特别不能理解为什么孩子就不能像其他同学那样乖乖上学、好好做作业呢？对他身上的缺点或者不当行为表现也越来越敏感，几乎天天都能找到骂孩子甚至打孩子的理由。

我问爸爸妈妈："你们觉得小亦身上有哪些优点呢？"

妈妈想了会说："他比较有爱心，喜欢小动物，前段时间和我一起在外面看到两只刚养出来的小猫没有猫妈妈就把它们抱回家养。"

爸爸说："孩子喜欢阅读，知识面较广，上次参加培训班考试古文，没有做任何准备但考得挺好，平时在学校语文成绩相对差些，是因为不爱做语文作业，其实语文功底还可以，英语和数学是他喜欢的科目，在班级中读得算好的。"

妈妈又说："我知道胡老师的意思，我们以前要求孩子像其他乖孩子那样认真上课，又快又好地完成作业，在学校不调皮捣蛋，于是总是揪着他没做好的地方批评他，希望他能改好，没有用心去看他身上的优点给予鼓励，也没有考虑他年龄毕竟还小，又是男孩比较好动的，对他的打骂有点多了。"

对于父母的积极回应和反思，我由衷地感到很高兴，鼓励父母在尊重孩子的前提下，与孩子一起讨论一个可行的行为规范表，对于孩子表现好的行为给予表扬和奖励，对于偏差行为则给予适当的批评惩罚，帮助孩子更加明确行为规范，增加积极正向的行为，减少负向偏差的行为。

在行为规范表制定执行一周后，妈妈就很高兴地向我反映孩子做作业的速度明显加快了，以前经常做到九十点钟还做不完，有了奖励制度后，孩子在学校会抓紧时间做好一部分回家作业，回家后8点多就能全部完成作业了。孩子也说最近父母就打了自己一次，因为自己没有记下语文作业却对父母说谎了。父母向孩子承诺以后不会因为被老师批评、上课没记好笔记等原因打他，会好好和他讨论这些事的。

军事防御基地的沙盘游戏

小亦每次来都是做同一主题的军事防御基地。第一次做沙盘时有点不知所措，我鼓励他先摸摸沙子，再看看架子上各类沙具，慢慢地他找到了一些感觉，开始在沙盘的右下方扒开沙子，我以为他要挖一条河，他说不是，他要做一个防空洞，当他想在防空洞上盖个顶时遇到了困难，尝试了很多沙具来做顶，都因为沙子承受不住重量而让防空洞塌陷下来，但是他并不气馁，经过七八分钟的挑选、尝试、重新挖洞的过程，终于做好了一个防空洞，还在顶上盖了草坪作为掩护，随后他还在防空洞前面放上坦克，前面再放上城门，还安放士兵守护城门。从小亦沙盘制作的内容，及制作过程中耐心坚持地造一个防空洞来看，小亦对于外在的防御很强，内心非常渴求安全；同时整个画面显得有些混乱不和谐，揭示了孩子内心有些不安和迷茫，渴望对外连接但又不知道如何去做的困惑。

在第三次做沙盘时小亦想尝试做一个新的，但边做边说自己没有想象力，我提示他可以用湿沙子做沙盘的，于是他又很高兴地做了一个坚固的防空洞，周围放上各种坦克、炮弹、士兵加强防护。

在第八次做沙盘的时候，孩子将导弹放在防空洞口守护，防空洞顶部用草地掩护，再放上坦克，旁边再放上随时准备起飞的战斗机，防空洞前还挖了一条护城河，再加上一排的护城墙。防空洞的后面是要保护的城市,城市最前面又加了一排的护城墙,城市放满各种建筑物,还把学校放在最最里面保护好,做完之后,孩子特别满意他的沙盘,让妈妈把它拍下来留存。

小亦通过六次的沙盘制作,从对沙盘很陌生不知道如何做到看到沙盘就满心欢喜、跃跃欲试,在沙盘游戏中越来越放松,感受到沙盘游戏的快乐和自己对沙盘制作的掌控感、成就感,防御基地的建设让小亦越来越满意,也找到了一些安全感,愿意将学校里发生的高兴或不高兴的事情与我分享。

和老师、同学的关系变好了

通过这几次的沙盘制作,孩子似乎增加了保护自己的信心和能力,反映在现实生活中,孩子说他现在不欺负同学了,如果有同学欺负那些弱小的同学,他会保护他们。在第七次咨询时,小亦说老师现在不怎么批评自己了,还同意让自己的座位从最后换到了当中。

我问他:"你怎么做到了这么好呀?"

小亦有点不好意思地说:"大概是我上课认真,作业也及时完成了吧。"

我问小亦:"你现在怎么就能上课认真、作业及时完成的呢?"

小亦说:"按照爸妈订的家庭协议做,每天早早做完作业就可以玩,还有零用钱奖励,而且他们也不像以前那样经常打骂我了。"

在第八次咨询快结束时,小亦告诉我说,原先老是向老师告状的那个班干部和自己的关系好点了;他也不再排斥她,她说要加微信,自己也同意加她了。

我问小亦:"你怎么就同意啦?"

小亦说:"这个班干部不像以前那样老是在小本子上记录我不好的行为了。"

我问小亦:"是因为你表现好了,还是她觉得你们现在是毕业班了,要和你修复关系?"

小亦有点高兴地说:"也许都有吧!"

咨询师思考

在社区未成年人心理辅导中心有家长带孩子前来咨询,常常是因为孩子学习成绩差、作业拖拉甚至不做、学习习惯不好、破坏课堂纪律、爱发脾气、和同学打架等行为问题让家长感到很头疼。本次案例中的小亦也是这样的孩子,妈妈为此变得越来越焦虑。我从父母那里了解到孩子目前主要是因为各种破坏课堂纪律的行为被老师经常批评,对老师的敌意和抱怨情绪影响了孩子的学习状态,而父母"不打不成器"的教育理念和妈妈现在如此焦虑的情绪也影响到孩子的情绪;孩子对抗不了父母,于是把愤怒和不满的情绪都投射到批评他的老师和维护班级纪律的小干部身上。

我运用短期焦点咨询技术中不预设立场——站在孩子的立场看问题;寻找并接纳孩子行为背后的原因,相信孩子拥有自己解决问题的能力,陪伴孩子,倾听孩子,让孩子在安全放松的环境中用沙盘游戏进行自我探索,通过一次次军事防御基地的建造、拓展和巩固,从中获得他想要的安全感,提升他的力量感。同时我也对父母做了一些心理教育的工作,帮助他们学习短期焦点咨询技术中的赞美法,用正向的眼光看见孩子的另一面,改变原先打骂纠错的教育方法,给孩子心理支持和鼓励。

反思:在为学生做心理辅导的过程中,咨询师需要得到父母的积极配合,在本次咨询中正是因为父母对咨询师的信任,并积极按照咨询师的建议做自我情绪控制,调整原先的教育方法,降低对孩子的期待,履行和孩子讨论的行为规范协议,及时发现并鼓励孩子的正向行为,父母对孩子所做的这些认可和支持,提升了孩子内在的自我力量,对于帮助孩子减少对老师和同学的敌对情绪起到了非常关键的作用。因此对父母的心理教育也是咨询师的重要工作内容,孩子在父母的改变中得到不断的心理滋养。

督导点评

在我们面前的主人公小亦是一位虎头虎脑、生性木讷、不擅表达,却又调皮好动、惹是生非的五年级男孩,因为亲子、师生和同伴等人际关系问题前来辅导。

小胡老师先是运用倾听、温暖和价值中立等辅导技术,与小亦建立起了良好的咨访关系,我们常说:关系决定一切,良好的关系是成功的一半。针对不擅言语表达的小亦,胡老师将沙盘游戏作为主要辅导技术,温暖的陪伴和宽松的环境,让本案的小亦在游戏中宣泄情绪、探索自我,以此获得掌控感,提升安全感。与此同时,小胡老师给小亦的父母介绍了积极心理学,教会父母用积极正向的眼光发掘小亦身上的闪光点,一则帮助孩子发现自己生命的力量,二则建立起良好的亲子关系。

第七次辅导时,小亦说"老师现在不怎么批评我了";第八次,辅导的最后一次,小亦告诉小胡老师:原先老是向老师告状的那个班干部和我的关系好点了。沙盘游戏室中的温暖陪伴,再加之亲子关系的改善,使得本案在几乎"绝望"时,看到希望,走出困境,真乃"柳暗花明又一村"。

我认为本案的可圈可点之处,就是以"关系"辅导"关系"。

点评人:张　珏

奉贤区未成年人心理健康辅导中心主任,奉贤区名教师

想要轰炸学校的小男孩

张建英

华东师范大学心理学硕士、国家二级心理咨询师、学校心理咨询师，擅长运用理性情绪疗法、萨提亚家庭疗法和沙盘游戏疗法等心理疗法帮助来访者。

"我不喜欢上学，我讨厌学校"

一天中午，我正在心理辅导室整理资料，只见班主任刘老师带着三年级的浩浩急匆匆地走过来对我说："张老师，这个人哦，真的是无法无天了，刚刚在教室里把本子扔得满天飞，小干部去制止他,他在位置上大喊'我不喜欢上学,我讨厌学校',我把他带到你这里来,你给他辅导下。"这时的浩浩,低着头,一言不发地搓衣角。被老师单独拎出来,我观察到此时浩浩的内心是紧张不安的。为了缓和浩浩此时的紧张情绪,我首先带浩浩参观了我们的心理辅导室,看得出来,浩浩对宣泄室的击打宣泄仪非常感兴趣。我请他戴上拳击手套,可以试一下。只见浩浩痛痛快快地击打了起来,没有了刚进来时的紧张不安,对着我嘿嘿地笑了起来。这一活动,一方面可以暂时宣泄掉浩浩一部分旺盛的精力;另一方面,也为我们建立良好的咨访关系打下了基础。

看着眼前这个虎头虎脑的小男孩,我的脑海陷入了沉思,浩浩是三年级的一名小男孩,9岁,戴着一副小眼镜,动手制作能力很强,特别调皮爱动,上课不能认真专心听讲,课间喜欢与同学一起玩耍,但是玩耍相处稍有不如意之处,就大动拳头。有时课上会任性撒娇,经常拎不清楚、惹是生非,学习成绩差,经常语、数、外三门功课都不及格,经常大喊我不喜欢上学的语句,有厌学的情绪和行为表现。

我利用平时上课的机会观察到浩浩精力旺盛,活泼好动,上课时经常会做小动作,注意力严重分散,课上时不时向老师打报告说要去小便,课间经常与其他小朋友打闹,经常招惹其他小朋友。家里带浩浩去医院鉴定过,有多动症倾向,遇到监控练习时,家长会让其服药缓解。

浩浩比较聪明,但自我控制能力很差,经常管不住自己,哪个老师管得严一些,他就在哪个课堂上管住自己,并在那个学科上多花一些时间;反之,在没有老师的监管下,浩浩就会放任自己的性子,如故意打人、吃午饭时把一组的筷子都拿过来用嘴巴舔一遍,或者把筷子弄到地上。同时我观察到浩浩打人的情况可以分为两种,一种是与同学嬉戏玩耍的过程中,不如意的时候,顺手打人;另一种是在其他班级矮小同学路过自己身边的时候,或者对自己旁边的同学,无缘无故地打人一拳或伸出腿绊人一下,纯粹属于无事生非的情况。

"我要轰炸学校"

考虑到浩浩喜欢玩耍的特点,我把浩浩带到心理辅导室箱庭辅导区域。浩浩被各种多彩的物品深深地吸引了,我告诉他,可以用里面的任何物品摆出自己心里所想的,想到什么场景就摆什么场景。浩浩点头表示明白,在很轻松的氛围中,浩浩花了大约 20 分钟左右的时间完成了自己的沙盘作品(见图 1)。

图 1 浩浩的沙盘作品

浩浩对自己的箱庭是这样描述的：箱庭分为两个独立的区域，右边是自己家，右上方是自己和奶奶的家，下面是爸爸和妈妈；左边是学校的场景，其中戴帽子的小朋友是自己，不想待在学校里，好想出来玩啊，这时超人战队带着炸药来了，他们是来拯救自己的，自己要轰炸学校，这样，自己就没有学校可以上了，也就不用上学啦，好开心啊，终于可以解脱啦，可以愉快地在外面玩耍啦！

我初步判断是厌学、缺乏学习动力问题。抓住细节，进一步探讨沙盘摆放的意义。

师："浩浩你刚才说右边部分是自己家里的情况吗？"

浩："是的。"

师："那这里面哪个是你啊？"

浩："就是右边那个戴眼镜的小男孩，上面是奶奶，下面是爸爸和妈妈"。

我观察到浩浩在沙盘中把代表自己的男孩沙具摆放在距离代表奶奶的沙具非常近的地方，而距离爸爸妈妈的沙具则比较远。

我把自己的疑问说出来，问向浩浩。

浩浩很无奈地叹了口气说道："家里只有奶奶管我的，爸爸上班很忙，经常出差看不到人。我妈妈工作上夜班，白天在家睡觉。妈妈不怎么管我，基本上都是奶奶管，妈妈给我买衣服我也不喜欢穿。"

师："为什么呀？"

浩："因为妈妈不管我，所以我也不喜欢妈妈买的东西。"

由此可见，浩浩母子之间存在一些隔阂，情感和心理上的联结不够紧密。家庭尤其是父母给予浩浩的情感和心理支持明显是匮乏的。

师："浩浩，你能描述下沙盘左边的部分吗？"

浩浩有点不好意思地笑了笑，说道："超人战队来了，他们可以帮助我们小朋友，我要轰炸学校，这样我就可以不用上学了，我就可以愉快地玩耍了。"

师："也就是说你不喜欢上学，是吗？"

浩："嗯嗯，尤其是最近要期中阶段练习了，作业更多了，不想写作业，我就想好好出去玩。"

师："浩浩，你这种想玩耍的心情，张老师是可以理解的，张老师小的时候，也是特别喜欢玩耍，有时也不想写作业。"

浩："啊？真的吗？原来张老师小时候也是这样子的啊！"

师："嗯，刚开始我也是这样子的，不想写作业，不想上学，但后来我发现学校也有很多好玩的地方啊，有很多课很有意思啊！对了，浩浩，你喜欢学校什么地方，喜欢什么课啊？"

浩："我很喜欢心理辅导室，喜欢心理课和自然课，这两门课都很有意思，而且我长大了想做医生。"

浩浩说出这个梦想的时候，眼睛里闪着光芒。我意识到可以从这点出发，加以引导。

我紧接着问道："想要成为一名医生，需要做些什么呢？"

浩浩回答道："需要读大学医科专业。"

我："嗯，真棒，你的思考是很正确的，那怎么才能考上大学的医科专业呢？"

浩浩："医学和小学的自然课联系最紧密了，所以，我只要上好自然课就行了。"

我依旧很耐心地问道:"是吗?你这么说来,其他学科就不用学习啦?其他学科不好,能考上高中吗?更不要说去大学读医科专业啦。"

浩浩思考了片刻,点点头说道:"嗯,我之前怎么就没想到呢?"

我:"嗯,那说下轰炸学校的事情吧,你不喜欢学校吗?"

浩浩:"学校环境还是很美的,我只是不喜欢学习和写作业,我喜欢在学校里玩耍。"

我:"所以,你在沙盘里就布置了一个很美的场景,但是你们要去炸学校。"

浩浩不好意思地点点头,"这样我就不用上学写作业啦,其实,我不是真想去炸学校啦,只是发泄一下。"

我:"嗯,张老师明白了你内心的感受,玩耍在你心里很重要。但是,浩浩,你想一下,如果一个人一天所有的时间都用来玩耍,那么,这个人一生是不是就会一事无成啊?"

得到浩浩肯定地回答后,我又问道:"那你觉得,学习和玩耍,我们日常学习和生活中,可以怎么去分配时间呢?"

浩浩仿佛开窍了,说道:"嗯,我可以先抓紧时间写作业,写完作业后,就可以愉快地玩耍啦。"

我:"嗯,浩浩,你真棒。那就让我们从现在开始,尝试着先抓紧时间完成作业再去玩耍,张老师期待你的好消息哦。"

浩浩也非常开心地说道:"嗯,好的,我现在心情也开心了很多,我从现在开始,就先把学习搞好之后,再愉快地玩耍。"

加强父母支持系统

通过家访、开家长会、家长学校讲座等方式,我劝说浩浩的父母周末多陪陪孩子,和孩子多交流,及时了解他的学习、生活情况。我把他这几年来的学习情况、性格、交往的发展状况以及他的智力发展分析给家长听,建议他们综合考虑他的实际情况,适当地降低要求,提出一些他能够达到的目标,并帮助他实现这一目标。要注意观察他实现目标后的表现,及时调整,循序渐进。同时建议家长对他多鼓励少批评,多关心少打骂,为他营造一个温馨、和睦的家庭环境。这样的做法促进了家长与孩子间的沟通,有利于减轻孩子与家长交往时的紧张感,消除家长和孩子的隔阂,增进家人间的亲情与温暖。同时也能帮助他树立自信心,增强自尊心,这是促使适应学校生活和学习的重要保障和基础。

发现孩子的闪光点,激发孩子的上进心

我利用中午和课间休息的时间,经常与浩浩聊聊最近他在班里上课的情况,最近有什么开心和不开心的事情,及时给予关心,希望他能感受到学校老师对他的关爱和期望。

我运用心理辅导室的各种益智类教具,充分发挥他动手能力强的特质,使他在管住自己不打人后,获得玩益智类教具的奖励机会,以此激励他更好地遵守行为规范。

我通过班级小组游戏辅导,使得浩浩学会怎样与人玩耍,与人游戏玩耍的过程中,只有别人同意和你玩的时候,才能去文明的游戏,别人不同意和自己玩耍的时候,就去找其他人或者自己一个人玩耍。

静 等 花 开

慢慢地,浩浩每次上课基本上都能遵守纪律,有时也会稍微

有违反纪律的现象,但只要稍作提醒,他就能控制好自己的行为。他也学会了怎么与同学和老师相处,与同学之间的摩擦也减少了,班里的同学越来越喜欢他了,他周围的朋友也渐渐多了起来。上课专心时,他情绪特别高涨,能积极举手发言,回答问题声音特别响亮。当因违反纪律被老师批评时他能虚心接受,表示要改正。学习成绩也渐渐有了起色,在一次劳技动手操作课中,浩浩第一个出色地完成操作任务,他自己对学习有了更多的信心,学习兴趣也更加浓厚了,再也没有出现讨厌学习、讨厌学校或者要轰炸学校的想法了。另外,我从浩浩父母处了解到,浩浩现在家里经常跟他们分享学校发生的好玩的事情,感觉浩浩现在对上学开心多了。浩浩在老师、家长的关怀下慢慢地进步、成长。我感到距离浩浩这束花盛开的日子也越来越近了。

咨询师思考

首先,在沙盘的分析上,咨询师并没有凭借主观臆断,而是营造了一个良好的氛围,引发来访者自己诉说和思考。整个过程除了借助荣格心理分析基础理论,还很好地贯彻了人本主义心理学理论中的来访者中心理念。

在心理辅导过程中,咨询师及时地察觉到学生对于学习作业的担心和不快乐,并从学生的角度出发,运用认知合理化疗法和谈话疗法,追根溯源,从学生内心需求出发,化解学生对于学习和学校的厌烦和不快的感觉。

在当事人浩浩身上,咨询师能明显地感觉到原生家庭的各种关系和应对方式对当事人的影响。所以,咨询师从当事人家庭方面着手分析,与当事人家庭沟通,达成共识,加强当事人的父母支持系统,作为帮助浩浩适应学校学习生活的重要举措。

在这次辅导过程中,我更加深刻地感受到,每一个孩子就是一朵花,他们茁壮成长,他们美丽芬芳,他们也需要阳光雨露,他们也娇嫩易折。他们中的一些人或因为害怕风雨,或因为缺乏阳光雨露,成为花丛中最弱小的一朵花,当其他的花朵吐露芬芳时,他们却还迟迟不肯吐蕊,像杂草一样肆意生长着,此时他们需要园丁的发现和关注。只有园丁的精心培育,才能使他们和所有的花朵一样散发芳香。他们不是不会开花的杂草,只是一株迟开的花,给他们关照给他们时间,助其成长,等待他们的盛开吧!

督导点评

这是一个改变学生厌学情绪与行为的辅导案例。三年级的浩浩由于在班级中的捣乱行为及厌学言论被带到心理室接受辅导。厌学是目前诸多学习心理困扰中最为普遍的问题之一。引发厌学的原因很多,包括个人因素、学校因素、家庭因素和社会因素诸方面。该案例中主要与浩浩的学习动机不足及学习习惯不良有关,加之来访者有多动症倾向,在行为控制与人际关系方面,也出现问题。成绩的不理想、行为控制的困难加上人际关系的紧张,使浩浩产生了厌学的情绪与行为。

咨询师值得借鉴的地方

第一,建立良好的咨访关系,多方面了解和熟悉来访者。本案例中,浩浩属于非自愿个案。咨询师在紧急情况下,接待了情绪不良的来访者。咨询师"观察到此时浩浩的内心是紧张不安的"。咨询师并没有贸然进行辅导,而是先通过"带着浩浩参观心理辅导室""请他戴上拳击手套,痛痛快快地击打……宣泄掉浩浩一部分旺盛的精力……也为我们建立良好的咨访关系打下了基础"。在及时疏解情绪,并建立了初步良好的咨访关系后,咨询师通过班主任、任课教师、家长会谈、课堂观察及病史收集等多种途径了解与熟悉来访者,这为后续的辅导打下了扎实的基础。

第二,箱庭疗法的运用叩开学生的心门。来访者作为一个低年级的非自愿个案,咨询师如何让来访者敞开心扉,并清晰地表达自己的想法是一个难题。咨询师智慧地通过沙盘游戏,吸引来访者的注意力与主动性。通过让来访者摆放沙盘,以游戏的方式轻松地开始咨询。箱庭的运用可以达到放松情绪、减低阻抗、促进心灵表达,并为来访者释放压抑的心理问题提供一个安全的空间,尤其适合低年龄的孩子。而在箱庭的解释上,"咨询师并没有凭借主观臆断,而是营造了一个良好的氛围,引发来访者自己诉说和思考"。这一点的处理上,尤为可贵。因为只有来访者自己的解释才是最重要的。

第三,改善支持系统,引导家长改变不恰当的教育方法和态度。对于浩浩的学习与生活,父母因各种原因关心得不够,使得孩子在情感上对父母产生了很大的隔阂。这不仅不利于孩子学习的改善,也不利于孩子的成长发展。咨询师通过家访、开家长会、家长学校讲座等方式,劝说浩浩的父母周末多陪陪孩子,和孩子多交流,及时了解他的学习、生活情况。并建议家长采取适宜的学习管理方法,帮助孩子确立恰当的学习目标,营造一个温馨、和睦的家庭环境,为孩子的成长提供关注、支持、帮助与保护。

咨询师需要改进的地方

1. 在这个厌学个案的背后,存在学习问题、行为问题及人际交往等多种问题的表现。咨询师需要在复杂的问题中,找到关键问题,进行辅导突破。在咨询的目标上,需要进一步明确,做到短期、中期及长期的目标设定,进一步厘清头绪,帮助来访者逐渐改变。

2. 考虑到来访者有多动症倾向,在自我控制上会存在一些困难,在辅导的效果上会有反复,需要咨询中通过进一步认知行为干预帮助来访者,而在个案报告中,这部分没有具体呈现。

3. 咨询师对于一些相关概念(如学校适应等)的描述与判断存在模糊,需要在今后的工作中加以注意。

点评人:杭　艺

教心学科高级教师、江宁学校(全国心理特色校)心理辅导教师、普陀区教心高级指导教师

原来我和世界都是多彩的

蒋 斐

首批国家二级心理咨询师、上海市中级学校心理咨询师、上海市计生委青春健康培训师,擅长情绪问题辅导和青春期辅导。

"我不想来学校,可我没有地方可去!"

第一次见到小楠,是开学后不久的一早,还没上第一节课。据班主任说她进了校门就不愿意再走了,一直哭,也不说话。征求她意见后,班主任把她带到心理室。她进门后还是一直在哭泣,直到我请班主任回避后,单独与她相处,大约10分钟之后,她的哭声渐渐小了,但也不说话,低着头,手里在玩纸巾,随意折了一朵花……"小楠,你的手真巧,这朵花

和你一样漂亮",我说到这,她停了下来,抬头看向我……至此,我才开始了和小楠的对话。

对话实录:

咨询师:看得出小楠很喜欢美的事物,对美好的生活很向往,可是你现在很不快乐,对吗?

来访者:(小楠情绪开始宣泄,哭泣)是的,这个世界是黑暗的,社会充满欺骗,我不想来学校,可我没有地方可去!

咨询师:不想来学校,可妈妈也不让你待在家里,来学校你一定很痛苦,可又没有人理解你。

来访者:(哭泣)是的,每天来学校上学,我觉得很不舒服、很紧张、很害怕。

咨询师:害怕来学校,可又没有办法,今天是实在受不了了,只能在校门口哭(边轻轻拍她的肩),对吗?

来访者:对,今天我实在受不了了(宣泄一会,她渐渐止住了哭泣)。

咨询师:哭过,好受些了吧。你愿不愿把你的心事告诉我,然后让我们一起来看看有没有办法让自己摆脱这个困境,好吗?

来访者:(点点头。)

咨询师:你刚才说过——这个世界是黑暗的,社会充满欺骗,能告诉我为什么会有这样的感觉吗?

来访者:从小是妈妈整天在家里抱怨,这个世界很黑暗,都是欺骗,人与人之间都是假的,我看妈妈她每天过得很苦,很艰辛,很不开心。

咨询师:妈妈是什么工作?为什么你觉得她过的很苦?

来访者:妈妈做电脑生意,每天要搬很多电脑,很累;爸爸家里什么都不管,总在外面打牌、聊天。妈妈说我和弟弟也是她的拖累,而且妈妈很不喜欢我,总是说我不好(又开始抽泣)。妈妈说,如果学习不好,考不进大学,将来就和她一样,过苦日子,我不要过这样的日子……

咨询师:(再递过一张纸巾)嗯,听起来,你妈妈又忙家里又忙家外,很辛苦,你很害怕将来和她一样苦,唯一的出路,就是考上大学?

来访者:对。

咨询师:哦,那学习对你来说很重要,你很努力去学习,成绩还满意吗?

来访者:我学习挺努力的,可是这次期中考试,我英语考了不及格,从来没有过的,我是考不上大学了(十分伤心)。

咨询师:哦,这对你一定打击很大,非常着急,妈妈一定也很着急,能和我详细说那次考试后,发生了什么,你的感受?……

来访者:(打开了话匣子)……

如上,与小楠建立良好的关系是实施咨询干预的第一步。经过耐心地等待,她开始愿意向我敞开心扉,讲述她的心事。我初步判断她有学校恐惧倾向,其直接原因是对学习后果的不合理、错误的认知,如糟糕至极等非理性想法。因此,小楠心理问题的钥匙,关键在于改变她不合理的认知,进而改变其恐惧情绪和回避行为。

在咨询尾声,与小楠共同制定了目前的主要目标就是走出学校恐惧倾向。小楠承诺在下次咨询前,坚持来校,出现害怕等情绪就用呼吸放松法来缓解,如果缓解不了,可以来心理咨询室。我鼓励她说只要我们一起努力,问题一定能解决。

心结在哪里？

这次咨询结束后，我立刻与小楠的班主任进行了面谈，了解小楠平时的学习和交往情况，并将小楠的心理现状和班主任进行沟通，班主任表示以后会尽量多关注她的情绪，为她心理上的恢复营造一个尊重、轻松的班级氛围。

结合所有收集的资料，以及小楠的面谈，初步评估为：学校恐惧倾向。因为时间没有超过一个月，同时没有明显的躯体症状，所以诊断小楠属于一般的心理问题，应该是由于她自身和家庭的一些原因，面对学习失败而产生的过度恐惧，由于没能及时调适而使害怕、恐惧程度不断升级成为对学校的恐惧倾向，不属于心理异常。

根据分析，导致小楠出现学校恐惧倾向的原因，主要来自以下三个方面：

首先是个人方面。期中考试英语不及格，这是一个直接诱因。同时，在家庭不良教育的影响下，她对考试结果有负面、极端的不合理认知，这是一个直接原因。小楠本人学习比较努力，但学习一直平平。由于初二学习知识量的增加，她没有及时改变学习策略和方法，结果英语考试不及格。这一结果，任课老师和她的母亲非常生气，没有理性地帮她分析考试失利的原因，而是一味地责骂她，给她造成了沉重的心理压力，她进而开始向内归因，怀疑和否定自己的学习能力，加之家庭影响下对学习后果的负面、极端认知，形成学习不好将来就没有幸福、要过苦日子等不合理信念，出现了较强的害怕情绪，导致不想学习，害怕学习，放弃学习，逃避学习，最后不想上学。

其次,家庭教育的消极和不健康观念,给孩子心灵留下阴影。小楠的父亲长年不关心家庭,生活各方面的重担压在他母亲一个人身上。小楠的母亲由于生活的辛苦和谋生时遇到的挫折,所以在小楠还未上学的时候,便整天絮絮叨叨地跟她抱怨社会有多么黑暗,都是欺骗,谋生有多么的艰辛,并告诉小楠,学习对一个人的重要性,如果考不上大学,就不会有好工作,就要过和妈妈一样的苦日子。所以,她从上学那天起,学习就比较努力,但成绩平平。母亲长期这种对待生活挫折的不健康态度,给小楠的心灵留下阴影,影响她对生活、对未来的憧憬,使她形成对学习后果的极端、负面的认知,即"学习不好,将来就要过和妈妈一样整天抱怨的苦日子,没有幸福的生活"这样的不合理认知。这次英语考试不及格,她的母亲很着急,但却没有帮助孩子仔细查找原因,只是打骂、恐吓。这给小楠增加了很大的心理压力,在学习上的受挫泛化到对生活、未来的挫折感,这些担心、害怕超出了她的心理承受能力,于是便产生了害怕情绪,开始回避学习、害怕学习,最终导致对学校的恐惧。

第三,在学校方面,班主任是英语任课老师,对于小楠这次成绩的下滑也很着急,联想起最近发现她下课时看故事书,因此就没有和小楠一起分析这次考试失利的原因,武断地认为就是看故事书造成的,并直接联系小楠的母亲,规定不许她再看任何课外书。在这件事情上任课老师的处理过于简单,没有及时给以小楠关心和疏导,深入了解她内心的想法,从而使她也产生对老师的负面情绪、对学科的负面情绪,长时间处于压抑状态,所有的不良情绪不断堆积。

启发黑点外的白纸

第二次的咨询,小楠如约而至。我询问了她这几天的情绪,对她的努力加以肯定。我第二个阶段采用认知技术——情绪ABC理论来对小楠实施咨询干预。

尽管小楠对于学习后果的非理性想法来自她母亲的消极人生观、不健康社会观念的影响,但要转变这些非理性想法还是要靠小楠自己,所以,要让一个初二的中学生理解情绪ABC理论很关键。

对话实录:

咨询师:(举起一张画有黑点的白纸)"小楠,你看到了什么?"

来访者:"一个黑点。"

咨询师:"不错,这张纸是有一个黑点,但除了这小小的黑点,更多的是什么?"

来访者:(想了想)"白色!"

咨询师:"太对了,是大片的白色。刚才,你太关注黑点,反而忽略了白色。其实,我们看图是这样,生活中看待周围的事和物也会这样。有时,我们的思维就会犯这样类似以偏概全的错误,从而影响我们的情绪和行为。当我们改变了这些非理性的想法,自己的心情也会好很多。不信,我们来试一下?"

来访者:(点点头)"好的。"

咨询师:"我记得你有个弟弟,妈妈对你们俩怎么样?"

来访者:(撅起嘴)"妈妈只喜欢弟弟,不喜欢我!"

咨询师:"是吗? 你具体说说看。"

来访者:"我在家,妈妈总是批评我,说我这没做好,那没做好,不喜欢我。"

咨询师:"哦,你一定很难过。妈妈不批评弟弟吗?"

来访者:(想了想)"弟弟不乖时,妈妈也骂他的。"

咨询师:"哦,妈妈平时只关心弟弟吗?"

来访者:"没有,也关心我的。"

咨询师:"哦,那现在看来事实并不像你刚才所说的那样,妈妈也是喜欢你的,只是弟弟年纪小,对他更保护一点,对吗? 现在你的心情好些了吗?"

来访者:(笑了笑)"是的,我有一些懂了。"

咨询师:"小楠真聪明,一点就通。有时我们会走入思维的误区,包括老师、妈妈我们这些大人也会,弄得自己心情很不好,但当我们试着去改变想法时,心情就会大不同哦。接下来,老师请你仔细想一下,你现在害怕学习、学校,会不会也有可能是走入了思维的误区?"

来访者:(沉默)……

咨询师:"今天不急着回答,我给你布置一个家庭作业,帮助你看看自己有没有思维误区,如果有,我们试着把误区找出来,改变它,说不定你的问题靠你自己就能解决了!"

来访者:(抬起头,用力点了点头)"好! ……"

在第二次咨询结束时,我布置了家庭作业,让小楠记录学校或家中不开心的事,以便对她的不合理想法进行自我辨析。

第三次咨询时,小楠早早地来了,带着作业。这次咨询干预过程中,咨询师与小楠就不合理信念进行辩论,例如"一次英语不及格,就考不上大学了吗?""考不进大学就没有幸福?"通过这一系列围绕非理性想法进行的辩论,帮助小楠认清这些不合理的信念,放弃这些信念,并使用ABCDE技术,尝试建立合理的想法和信念。随着小楠对自己原来不合理的想法发生动摇,相信程度的减弱,她的害怕情绪也有很大的缓解!

同时,与班主任探讨教育教学的最佳方法,请班主任协助小楠发现和改进学习的方法和策略,恢复和增强小楠学习的自信心和成功体验,为小楠形成合理的信念提供支持。

通过前两个阶段的辅导,小楠的情绪有很大的缓和。通过这些咨询,小楠与妈妈的心结似乎解开了不少,不再认为妈妈不喜欢她,也认可妈妈对她的付出和关爱。此时,我与小楠的妈妈也进行了一次面谈,并给予了一些家庭教育指导:(1)多与孩子聊天,关注孩子的内心世界;(2)妈妈自我情绪的管理,营造积极温馨的家庭氛围。

同时,为了巩固理性的信念,我继续布置认知家庭作业,选择不同的主题,家庭的、学习的、人际交往的。认真为小楠布置作业,提供正确的指导,指出潜在的困难,纠正相关的信念,加强其遵照的可能性。表格如下:

诱发事件	我的想法	我的心情	驳斥和辩论（其他的可能)	效果
如英语考试不及格	英语考试一次失利,就考不上大学	害怕、恐惧	虽然英语考试一次失利,但只代表最近英语学习效果不好,要努力找原因进行调整	情绪缓解

感受多彩的生命

当我和小楠进行最后一次咨询,一起回顾、总结这段经历时,小楠真诚地说:原先,我只关注了"黑点",现在我懂得去关注更多的白色,甚至是彩色,这样我的生命才会精彩、幸福!谢谢你,老师!我懂了,用理性去看世界!

具体咨询效果评估如下:

1. 小楠的自我评价:上学不再感到恐惧和害怕,在老师的帮助下找到了合适的学习策略,学习更有兴趣了。

2. 他人的评估:老师和妈妈反映,小楠恢复正常上课,学习努力,并且成绩有所回升,同时与妈妈的关系有所好转。

3. 咨询师的评估:通过回访和跟踪,发现咨询已基本达到预期目标:消除了小楠的学校恐惧,改变了小楠的不合理认知模式,提高了小楠的心理承受力,增强了小楠的自信心和面对挫折的能力。

小楠终于告别了她的"厌学"。她的这段经历,让我们发现,其实许多孩子的家庭都有故事,有些故事会影响他们的成长,会使他们产生不良的想法和行为,从而让孩子心情困扰。但每个孩子的内心都有积极的资源,而我们辅导的关键就是引导、陪伴他们发现自身的内在资源,使他们建立积极的自我信念,建立新的合理的自我意识,用合理的积极的眼光去看待自己、看待这个世界!

咨询师思考

1. 经验

我十分注重在建立良好的咨访关系。因为我深知良好咨访关系的建立和维护,是心理咨询取得成效的基础。所以本案中,我耐心陪伴小楠,没有急于了解情况,而是让她尽情宣泄她的害怕,使我有机会走近她的心灵,接纳她的心灵,只有这样,小楠才会对我信任、亲近,这是咨询成功的重要因素。

我还十分重视家庭认知作业。认知的改变过程是需要不断巩固的。所以,坚持布置家庭认知作业是认知治疗非常重要的一部分。我在本案中认真为她布置作业,提供正确的指导,指出潜在的困难,纠正相关的信念,巩固理性想法,才最终达到咨询的目标。

2. 不足

家庭教育指导力度要加强。从某种角度说,孩子的问题就是家长的问题。从本案可以看到,小楠不良认知的根源就是家庭不良教育影响的结果。而本人通过本案自省在家庭治疗系统方面经验还不够,还需要学习和加强!

督导点评

本案例中的初二女生小楠来学校上学觉得很不舒服、很紧张、很害怕,针对小楠的问题,咨询师通过多次的咨询,同时调动各方面的正向资源,帮助小楠解除了心结。最后,小楠上学不再感到恐惧和害怕,也能正常上课了,咨询取得了不错的效果。

咨询师值得肯定的地方

咨询的设置比较清晰。从案例所呈现的咨询过程来看,每次咨询都有侧重点,分别是:建立关系,收集资料,评估,确立咨询目标;用 ABC 技术进行干预;家庭作业的巩固训练;总结、回顾与效果评估。

对问题的原因分析准确。咨询师从个人与环境事件等方面分析了原因。在负性事件方面,由于初二学习知识量的增加,小楠没有及时改变学习策略和方法,结果英语期中考试不及格,任课老师和她的母亲对考试结果非常生气,给她带来了沉重的心理压力,这是一个直接诱因。在认知方面,在家庭教育的不良影响下,她对考试结果的负面、极端不合理认知,这又是一大原因。

注重调动多方面的资源,协同帮助小楠来进行问题应对。比如,请班主任协助小楠发现和改进学习的方法和策略;建议母亲要注重自我情绪的管理,营造积极的温馨的家庭氛围。

咨询师可以改进的地方

本案例的标题是《原来我和世界都是多彩的——学生学校适应辅导》。学校适应是一个很大的话题,包括学习适应、生活适应、人际适应等,用学校适应来界定小楠的上学恐惧情绪问题不够精准。

点评人:朱仲敏

上海市教育科学研究院副研究员

医教结合篇

和"坏习惯"说 Byebye

叶玮琳

上海师范大学教育学硕士,研究方向为心理咨询,青少年心理辅导经历丰富,擅长儿童青少年发展、学习、情绪行为、亲子关系等问题的咨询。

预初年级的一位班主任老师,匆匆走进了心理咨询室,她是为学生而来的。她神色凝重地告诉我,班级出了一个"怪人",同学们都怕他,连老师看到他也头皮发麻,他的行为实在是让人感到怪异,大家议论纷纷,甚至不敢和他接近。我先让班主任老师安定下来,"问问孩子愿不愿来和我聊聊,让我先见见孩子吧!"

家校合作,建立关系

第一次见小雨,他很普通,预初的学生,透着上海小孩的干净整洁,就是有些小动作和心不在焉,看得出来他第一次来咨询室有些焦虑。

我说:"小雨啊!班主任张老师很担心你啊!你怎么看啊?"

小雨有些不好意思地说:"老师,我就喜欢把小东西往自己嘴里塞,小学的时候就喜欢咬笔套,大家也没怎么说我。现在我把粉笔头放进嘴里,他们都觉得我是'怪物'!"

"那老师和同学都怎么说啊?"我流露出惊奇的样子。

"他们觉得我很怪异,所以都不愿理我,有的女生还觉得我很恶心!"小雨边说边低下了头,声音也渐渐轻了。

我看小雨有些难过,便安慰他说:"既然如此,那你有没有想过改掉这个坏习惯呢?"

"有的!有的!"小雨很急切地说,"我试过的,不过都没成功,而且我觉得好像越来越糟了。"小雨显得很失望。

"小雨,那你这个坏习惯是什么时候开始的呢?"我拍了拍小雨的肩膀,他再次注意了我的问话。

"具体什么时候我记不清了,就知道读小学有段时候,我很喜欢嚼口香糖,上课也嚼,为此被老师批评了好几次,老师还向妈妈告状。妈妈很生气,严禁我再吃口香糖。后来好像我生了场病,口香糖是不嚼了,但就喜欢咬笔套了。一开始,咬咬停停,后来就越来越喜欢咬笔套,一刻不停。"小雨说得很认真。

"那老师或者妈妈没发现吗?"我很好奇。

"他们发现的,"小雨马上回答我,"不过,妈妈也就是说了我几句,后来就不了了之了。"

"于是你现在除了咬笔套,对咬粉笔头也感兴趣了?"我试探地问着。

"嗯……"小雨不好意思地低下了头。

"那你想改掉这个坏毛病吗?"我追问着。

"想啊!我当然想!我喜欢同学都喜欢我,不要嫌弃我。"小雨的眼神一下子有了光彩。

在与小雨聊过之后,我通过班主任联系了小雨的妈妈。小雨的妈妈开始正视小雨的问题了。在我的建议下,她带着儿子到专业医疗机构进行了检查。医生确证,孩子得了轻微的强迫症,建议家长及早给孩子服药,控制病情。小雨的妈妈开始对给孩子吃药有些顾虑,但得知关于强迫症的一系列知识后,还是遵守了医嘱。

另外,我在第二次给小雨咨询前,先和妈妈进行了交流,向她指出小雨的问题其实是他很渴望得到同伴的接纳,但是同学们看到的都是他的"坏习惯",因而嫌弃他。他为了引起同学们的注意,又继而咬笔套、咬粉笔头,在同学们一次次的惊异眼光和诧异声中,他反而得到了关注,于是他继续着他的不良行为,作为引起老师和同学注意的手段。同时,我还给予妈妈一些家庭教育的指导。希望妈妈渐渐转变对小雨的态度,从"指责"变为"倾听",成为小雨的倾诉对象。

明确问题,确立目标

后面的几次谈话,除了小雨,我还请来了小雨的妈妈,作为"回家作业"的督促者。

我开始给小雨布置起了"回家作业"。

"小雨,请你在上课的时候记录下自己每节课'咬笔套'的次数,在每次咨询时交给我。能做到吗?"我满含期盼的眼神看着小雨。

"应该可以吧!"小雨觉得"作业"比较轻松。他很认真地完成了"作业",在每次咨询的时候,把"作业"带来给我看。

第一周记录结果

第二周记录结果

第三周记录结果

当然,小雨的妈妈也一起看了他的记录,我和小雨妈妈一起总结小雨不良行为的规律。我们发现只要是在教室上课,他几乎都在"咬笔套"。另外,主课"咬笔套"的次数明显多于副课。

"小雨,为什么数学课你咬笔套的次数比地理课多了那么多啊?"我们要问问小雨的想法。

"是吗?大概因为数学课一直要写要动脑筋吧!我总是拿着笔,所以就一直一直咬吧。"小雨不太敢回答我的问题,估计是怕我和妈妈生气吧。

"小雨,这么记录会影响你听课吗?"我要打消自己的顾虑。

"还好吧!其实这么记了,我自己也能清楚自己到底咬了几次。还有,老师,"小雨似乎很不好意思,"老师,就是那个,就是我即使记录了,我也忍不住还是要咬笔套啊!看看数字一点点上去,我也不知道怎么办?"

小雨的坦诚让我和他妈妈稍稍安慰点,"小雨,其实记录可以让你对自己的问题心中有底,其实你看问题并没有那么糟,你在体育课、美术课、音乐课是不是表现还是很不错的呀!"我们都鼓励小雨,给他点信心。

我们还告诉了小雨,他"咬笔套"的真正原因。有时候上课需要思考,但他的成绩不理想,有些问题实在想不出,也懒得想。于是别人在用功的时候,他就开始"咬笔套"了。其实,这完全是由他对学习的焦虑引起的,在上一些副课的时候,他的症状会稍有改善。于是在小雨目前的基础上,我、小雨妈妈和小雨一起协商,制定了如下咨询目标:(1)勇于正视自己的问题,继续认真做好记录,保证时刻对自己的问题做到心中有数;(2)明白咬笔套不是解决焦虑的方法,更明确不是吸引同学注意的方法,不要再使用类似甚至是"咬粉笔头"等更为过分的方法;(3)掌握一些排遣焦虑的其他方法,在学习上请老师为自己拾遗补阙,妈妈也可以为小雨请一些家教及时补课;(4)传授小雨一些人际交往的技巧,让他将自己的优点展示在同学面前,以此引起同学的注意,融入班级集体中。

激发动机,积极行动

在我和小雨的交流中发现,他改正的动机还是十分强烈的。

"小雨,如果你的坏习惯改掉了,你想象下你会怎么样啊?"我引导小雨,激发他改变坏习惯的动机。

"同学们都喜欢我啊!"小雨面露喜色,"老师,你知道吗？我现在是班级的多媒体管理员了。虽然有些女生还是嫌我脏,但老师和大部分同学都愿意碰我碰过的电脑了。"

"看来我们小雨的进步还是非常大的呀!"我表扬小雨,"要继续坚持哦!"

"嗯嗯! 老师,我尽量控制自己,每当要去帮助老师开关电脑的时候,我特别留意自己的口水,我对自己说,不能让大家看到你咬笔套,这样大家会觉得你把电脑弄脏的!"小雨郑重其事地对我说。

"那你忍住了吗?"我好奇。

"忍住了! 忍住了!"小雨拼命点头,"一开始很难,不过我想着班主任让我做'多媒体管理员'时提的要求,就是不能把自己的口水什么弄到电脑上,不然就撤我的职,那可不行!"

其实,我和小雨的班主任沟通过,给了他"多媒体管理员"的职位,希望他能在同学面前"露脸",把好的一面展示给同学。另外,由于要常常接触班级的公共物品,所以也要求小雨竭力克制自己,不因为自己的"口水"等污染班级的物品,被同学们嫌弃。

在这样的一段时间后,小雨发现自己是能控制自己的不良行为的,这给了他莫大的信心。

另外,在任课老师方面,我把小雨的情况告诉了各位老师,老师们答应做好"督促者",不论什么课,只要看到小雨开始"咬笔套",老师们就及时制止,并督促他做好记录。回到家里,妈妈就是"监督者",她陪小雨一起完成作业,在此过程中,观察小雨的情况。尤其要特别注意当小雨不做作业时,他的"坏习惯"有没有发生及发展的情况,及时向我反馈。

咨询师思考

经过一段时间的咨询后,小雨的情况有明显改善。虽然没有完全改掉"坏习惯",但这已经不影响他的正常学习和生活了。同学们也愿意和他接触,甚至小雨偶尔"咬笔套",被同学们看到后,他们还会制止他,他也会吐吐舌头,傻笑一下,赶快改正。最主要的是,大家都不再以歧视的眼光看待小雨,在同学们眼中,他只是一个有着"坏习惯"的普通孩子,有些小缺点,但讨人喜欢。

其实,从整个过程来看,强迫症并不可怕,它是一种神经官能症。患者总是被一种强迫思维所困扰,在生活中反复出现强迫观念及强迫行为。他们自制力完好,知道这样是没有必要的,甚至很痛苦,却无法摆脱。青少年时期的强迫症患者主要表现为一种明知不必要,但又无法摆脱,反复呈现的观念、情绪或行为。学校和家长可以合作,采取一些方法来帮助孩子。

第一,如果孩子问题严重的话,家长要带孩子去医院接受医生的专业治疗。小雨的案例就是如此,一开始,家长并没有引起重视,觉得只是小孩子的坏习惯而已,改掉就好了。后来发现日积月累坏习惯难以改变了,而且越来越严重。直到和心理老师沟通后才去医院治疗,医生发现小孩子是轻度的强迫症,建议家长给孩子服药。

第二,了解孩子产生坏习惯的原因。要做到这点,家长和老师首先要摆正对孩子"坏习惯"的态度,和孩子建立良好的亲子关系。有些家长看到孩子的"坏习惯"就打骂不停,其实不妨坐下来和孩子聊一聊,问问他为什么要这么做,如果不这么做,会有什么感觉?听听孩子的心里话。并仔细回忆一下有什么特别的事发生在孩子身上,导致了孩子的问题。找到原因才是治疗最关键的一步。

第三,激发孩子改变的动机。小雨的案例中,小雨最强烈的改变动机就是希望得到同学的接受,赢得友谊。因此,他改变的愿望很强烈,才愿意求助心理老师和专业机构。如果家长和老师可以激发孩子的动机,告诉孩子坏习惯导致的后果,会使他失去什么的话,那孩子就有改变的愿望了。

第四,适当使用行为矫正的方法来纠正孩子的坏习惯。在小雨的案例中,心理老师请小雨记录每节课"咬笔套"的次数,发现他上主课时次数明显多于副课,这可能是他学习焦虑的一种表现。小雨自己也表示,对自己的问题行为有意识地进行记录后,"心中有底"也就不会"破罐子破摔"了。另外,如果发生孩子进步的情况,老师和家长应及时给予表扬。不仅要在学校记录,家长更应该配合老师,在家中也督促孩子。

总之,"坏习惯"并不可怕,但家长和老师要及时引起重视,不要抱着侥幸心理,以为随着孩子年龄的增长这些"坏习惯"就会自动消失。这样往往妨碍了治疗的最佳时机,只会使孩子的情况变得更严重。好在小雨的妈妈和老师及时意识到了这一点,所以小雨现在又重新做回了一个"普通"的孩子。

督导点评

强迫行为或强迫症状的背后一般都有比较复杂或者深层的心理动因。青少年强迫行为通常会被看作是"坏习惯"或"不良行为",实际上这种"坏"和"不良"的行为,并不完全是当事学生愿意的或故意的,他们自身也常常因为这种"不由自主"的行为而承受很多的负面压力,如父母、老师的批评、指责,同伴、同学的嫌弃、嘲笑等。强迫问题学生需要得到家长、老师的重视,及时采取措施予以矫正和引导,对于学生学业、交往和健康都有十分重要的意义。

咨询老师在与小雨建立良好关系的基础上,敏锐地觉察到小雨症状的成因,通过布置行为记录的家庭作业让小雨看到自己坏习惯的"情境"因素,帮助小雨正确认识自己、建立自信心,通过家校合作,动员家长和学校老师改善小雨的"环境"条件,致力于建构综合性的干预资源,通过多方面的共同努力,小雨的"坏习惯"有所改善、自我调控能力有所提升、自我接纳度得到提高,与同学相处更加自然,成效较为明显。本案例中,咨询老师细致、深入地了解小雨的问题,注重问题的评估,强调问题成因分析,及时推荐家长就医筛查,综合设计辅导干预方案,都是值得肯定和借鉴的。

另一方面,咨询过程中有几点还有待商榷:第一,关于轻微强迫症的就诊问题。诚然，心理咨询师应当具有心理障碍评估和转介的意识，但本案例报告中咨询老师对于为何要推荐家长带孩子去诊断筛查，交待尚不够清楚，决策的过程和依据呈现不够充分。第二，关于学校老师参与帮助的问题。文中所述是让老师们发现小雨"咬笔套"的行为要及时指出并督促其记录，该方案可行性尚有存疑，毕竟课堂教学中任课老师不可能只关注小雨一个人并随时中断上课去干预和督促记录；而且，若确实是得到执行，老师们这种只关注小雨的不良行为并及时做出反馈的做法，其实是在某种程度对其不良行为的强化，与消除不良行为的初衷似有对立之嫌。第三，咨询过程中行为塑造方法的使用问题。咨询老师在小雨进行不良行为记录之后，并未设计对其恰当行为表现的鼓励和强化措施，而这一部分恰恰是青少年学生心理行为引导方面老师和家长可以大有作为的地方。

点评人：朱　珠

上海交通大学附属中学心理高级教师、杨浦区第五届学科带头人、杨浦区心理学科中心组成员、上海市吴增强名师工作室学员

我能学得更多

葛 瑶

毕业于华东师范大学应用心理学系,多年从事学校心理健康教育工作,实践经验丰富,擅长认知行为疗法和焦点解决短期心理咨询。

"我要把学校炸掉"

去年,入学报名登记时,有一个小男孩给老师留下了深刻的印象,他的一句话"我要把学校炸掉",让在座的老师唏嘘一片,这孩子入学后该怎么办啊?老师们不禁担忧起来,他看上去那么与众不同,一言一行还显得幼稚、可笑;在教室里乱跑,叫都叫不停;和他对话,他要么逻辑混乱,答非所问,要么一语不发,呆呆地看着你。他就是小新,在幼儿园的时候就是一

个让老师头痛的孩子,一切教育和管教在他面前显得苍白无力。老师只能采取一对一的方式,让他一个人玩玩具,确保他的安全,可是到了小学,要参与集体生活,更有学业的任务,这对小新和老师来说,是个全新的挑战,他会有什么样的表现？老师该如何根据他的情况给出合理的解决方案呢？

他就像一颗定时炸弹

"老师,小新拿铅笔戳我！"

"老师,小新刚才推了我,把我推倒了！"

"老师,小新刚才又在美术课上大喊大叫了！"

"老师,小新在英语课上,满教室跑,我们都没法上课了。"

…………

这样的告状每天都会发生,每天都不止两三次,就连老师看到小新也拿他没办法,有时他一溜烟就不知道跑哪里去了,即使追,也很难追上,他就像一个小老鼠,在走廊里,在同学之间穿来穿去。这不仅对自己,也对他人,存在非常大的安全隐患。在课堂上,小新会不声不响地自己打开教室后门,溜出去数次,使老师猝不及防。停课去找他,其他同学怎么办？这课还要继续上呀！不去找他,他的安全谁来保障？这两难的问题让任课老师每次上课都提心吊胆。而一条条告状短信从开学的第一天起就不断显示在班主任的手机里。

班主任老师每天都要花好多时间处理小新闯下的"祸",费了很多精力,可是几乎没有半点效果。小新依旧我行我素,倔强起来乱发脾气,谁都拉不动他。他不肯进教室学习,只想着玩,想干什么就干什么,情绪极其不稳定,易发怒。老师一对一纠正他学习中错误的时候,他就会躺在地上大哭大闹,对老师拳打脚踢,把桌子椅子都弄翻。他不懂什么是正确的、什么是错误的行为,根本就没有办法和老师、同学正常沟通。

这天,小新又被班主任送来心理辅导室了,说他刚才下课时打了同学,还不听劝告,大发脾气。

咨询师:"班主任说你刚才打同学了,是吗?"

小新不作声,眼睛东张西望。

咨询师:"能告诉我,为什么打同学吗?"

小新:"他管我。"

咨询师:"他管你,你不想让他管,就打他了?"

小新点点头。

咨询师:"除了用打的方法解决问题,还可以用什么方法吗?"

小新:"打。"

我又问了一遍,他仍然是这个答案。

有很多次,我发现小新打人都是因为同学说他不好,或者他做出一些违纪的行为,同学向他指出来,要管他的时候,他就会不高兴,就会生气,不服管教,从而以打人的方式回应同学。在他的实际生活中,由于父母教育功能的缺失,使得小新不知道该如何处理此类问题,认为唯有"打"是解决一切问题的方法。

医教结合,初显成效

在入学前,学校建议家长带小新去儿童医院做检查,结果表明他的智商低下(68分),很多时候他根本就不理解老师对他进行的教育,所以才会屡屡犯错。此外,社会生活能力是中度问题,社交退缩、交往不良又伴有攻击性,还有注意缺陷多动障碍,这一系列测试结果都可以解释他为什么会打同学、会在上课时随意走动、会自说自话离开教室……他想跟同学玩耍,但他不会正常交流沟通,同学不跟他玩,他就会生气打人;同学管他,指出他的错误行为,他却不领情,什么也不说伸手就打别人;他无法控制自己的行为,才会大哭大闹,破坏课堂纪律;老师教育他,他不乐意听,觉得自己没有错,就躺在地上撒泼打滚,大发脾气……

上半学期,小新有很长一段时间都是在班主任的办公室和学校心理辅导室度过的。我们发现对他进行教育和行为指导训练效果甚微,而且他经常不进教室上课,不与同学接触交往,这对提高他的智力和社会适应能力都没有帮助,可是他一进教室就去招惹同学,存在太大的安全隐患,这该怎么办呢?

于是,有了和家长的第二次深入交谈。我们建议小新去专科医院咨询一下,从医学的角度看看问题究竟出在哪里,这样,学校也可以有针对性地加以教育,找到正确的方向。由于小新的妈妈是智障人士,我们担心她讲不清楚孩子在学校和家里的表现,我准备了一份他在学校的表现,让妈妈带着,给医生作参考。在试用服药的两周内,我对他每一天在校的表现都一一观察并记录,给医生下次配药药量作参考。小新的异常行为由药物控制住了,他终于可以坐进教室和同学们一起学习了。只有这样长期坚持下去,他的智商和交往能力才有提高的希望。

这学期,服用药物的小新有了很明显的变化——他能坐进教室里和其他同学一起上课啦!同学们也纷纷告诉老师:小新变好了,他不打人了!班主任老师也一直关注他,一有突出表现就表扬他:小新懂礼貌了,见到认识的老师会主动问好了;进办公室前知道要先敲门了;小新很有荣誉感,出操、升旗仪式的时候排在第一个,站在那里一动也不动;小新很讲卫生,能自己把书包和文具盒整理干净,桌面也理得很整洁;离开座位时,能记得把椅子推进桌肚里;本子没带,听不懂数学、英语的时候会伤心哭泣,是一个很要学习、要求上进的学生……当然,有时小新还是无法控制自己的行为,偶然会去打同学。

咨询师:"小新,除了用打的方式解决问题,还可以用什么方法吗?"

小新:"打。"

咨询师:"再想一想,打人可不是好方法。还可以用什么方法解决问题吗?"

小新想了一想,说:"叫老师。"

咨询师:"嗯,很好,还有呢?"

小新:"不能打人。"

咨询师:"说得好,还有吗?"

小新:"要乖。"

小新:"打人是不对的。"

咨询师:"小新能想出那么多解决问题的好办法,真厉害!老师觉得叫老师来是最好的方法,因为老师最公平公正了,能够很好地帮助你。我们一起来演一演吧!我演班主任王老师,你演自己,刚刚有同学打你了,你怎么做啊?"

小新:"王老师,刚才他打我了。"

咨询师:"哦,我知道了,我来处理。"

咨询师:"这样解决可以吗?"

小新点点头。

以前，小新从来就不认为打人是不对的行为，跟他也没办法继续沟通。经过一段时间的医教结合，小新的认识有了改变。随着他认知的改变，他的行为也发生了变化，好的循环就这样开始了。同学们开始接纳小新，愿意在下课的时候和他讲讲话、玩玩游戏，老师们总算可以松一口气了。可好景不长，新的问题又出现了！他时常在数学和英语课中开后门溜出去，虽然过了一会会主动回来，但老师始终担心他的安全。我们必须对他再做观察和了解，重新制定方案。

一对一补习，适应今后的生活

经过一段时间对小新的观察和交流，我们发现他对数学和英语一点兴趣也没有，而且根本听不懂。虽然他服药后能安静地坐在教室里上课，但是由于他的智商问题，仍无法跟上学校的教学进度。他坐在教室里根本就听不懂，感到很无聊就离开教室上厕所或转悠一下。对他来说，上这两门课的时候就是浪费时间。鉴于他的种种表现，学校从特殊教育的理念出发，希望他将来能够有生活能力，比如有一定的阅读能力、走上街头会识别路牌、认识人民币等。学校心理辅导室的老师针对他的实际情况和未来的发展，在上数学和英语课的时候，请他到辅导室，对他进行一对一辅导，其他课照旧在教室里上，让他融入集体，学习更多的新知识。我们因材施教，加强他语文的识字能力，希望将来能提高他的生活质量。

在实践过程中，我们发现语文书上的课文他都会背诵，和其他学习能力相比，记忆力不错。课文后的一排生字按顺序也都会读，但从其中挑出一个字，他就不认识了，显然他是靠背才"认识"这些字的。所以他识字最大的问题就是当这些字脱离课文后,搬了地方,他就不认识了。基于小新这种表现,我们又采用了识字卡片认字法、编儿歌记字法、以新带旧的识字方法,通过多种渠道反复让他识字,初见成效。在学习习惯方面,我们还不断纠正他的坏习惯,比如,要用手点着读课文,眼睛要看着字,这样可以增加识字的记忆;听课时要用心,手脚不要乱动、不要四处张望等。

尾　　声

经过一段时间的学习和训练,小新比以前成熟多了,不再遇到什么事就急着"找妈妈"了,他还自豪地告诉我们:"我可以自己写字了。"家长也发现了孩子半年来的变化,知识面广了,行为习惯也规范了很多。

咨询师思考

小新的家庭背景相当复杂。妈妈是智障人士,因此小新的基因天生就有缺陷,再加之后天的家庭教育环境的不理想,教养方式的错误,使得小新出现了精神方面的问题。由此可见,小新的家庭教育完全是缺失的,只能靠学校教育去弥补,但光靠学校教育肯定是远远不够的,这也是我们老师对于小新有效教育和持续发展一个非常大的困难之处。虽然我们的力量微乎其微,可能对他的人生没有太多的影响,但我们尽力让他品尝到生活、学习的乐趣。我们量身定制教学方案:认识语文课本上的生字,越多越好;认识人民币,会做 10 以内的加减法;知道天气的变化;记住家里人的电话号码;会戴绿领巾、会用钥匙开门等。可能学会了这些,他的命运不会从此改变很多,但至少又多了一点希望,人生道路上的明灯会稍稍的明亮点。

每个孩子都有要求进步的愿望,尤其是那些特殊学生,他们更渴望得到老师的鼓励和关爱。一道赞许的目光,一次善意的微笑,一句鼓励的话语,往往可能使学生受益终生,唤醒他们的自尊和自信。学校要提供给这些特殊孩子一个"平等"的空间,有一个和谐的学习环境,能接纳、尊重他们;给他们一个"发展"的空间,有一个努力学习的环境,能学到一些本领,适应社会生活。

督导点评

"医教结合"对残障儿童,实施早期发现、早期诊断、早期干预,能起到积极有效的作用。本案例就是一例较为成功的"医教结合"的范例,当心理老师意识到对待小新这样的特殊儿童单一的心理咨询的资源是有限的,加之儿童家庭的支持系统力量不足,心理老师及时通过"医教结合"的方法,利用医疗资源,去发现小新的症状,做出科学评估,并且及时诊断,因而没有延误、错失小新的早期干预的良好时机。若是错过了早期干预的时机,接下来可能会进一步影响小新在语言、认知、交往、情感等方面的发育。值得赞赏的是,心理老师具有浓浓的人本主义情怀,在小新服药的过程中,采取了心理辅导的系列举措,积极营造正向环境氛围,给特殊儿童小新一个平等的空间,去接纳他、帮助他。小新的认识水平有限,动员小新更多的学科教师为其量身定做学习计划,进行一对一的补习,进而提升小新对于学业的兴趣。

在个案报告描述的过程中,出现了医生配药、小新服药的情况,建议心理老师对于医生的诊断也要了解,明确小新的症状,并且在个案报告中有所描述与呈现,体现整个"医教结合"综合干预的科学性。当然,对于小新这样的特殊儿童,还可以去做一些感觉统合的训练、行为训练,心理老师做一些示范,由行为训练习得的经验迁移到学业中,不仅仅只是聚焦于学业的补习。

点评人:蔡素文

宝山区教育学院心理教研员、宝山区教心学科带头人

自我意识篇

"我"到底是怎么了

赵 倩

华东师范大学发展与教育心理学硕士、国家二级心理咨询师,擅长青少年同伴交往和适应问题辅导。

初中生身体发育迅速,处于"第二次"生长高峰,生理上的变化使他们自觉不自觉地将自己的思想从一直沉浸其中的客观世界中抽回一大部分,重新指向主观世界,使思想意识再一次进入自我,从而导致自我意识的第二次飞跃。他们会逐渐开始思考一些问题,比如,我是谁?我从哪里来?我的存在对于这个世界有什么意义?这些思考便是自我同一性发展的过程。埃里克森认为自我同一性的形成过程就是人格形成的过程。我们在成长的过程中逐渐形成自己的人格,思考自己将要发展成为一个什么样的人。

不请自来

小朱是刚升入初三不久的一名女生。有一天中午,无意中看见门外站着一位长得较高,身体也比较结实的女生,她在外面踱来踱去,有些犹豫。我看到之后,便把她叫了进来。

在她看来,刚升入初三的压力加上班级同学对她自身改变的不理解,让她心里很烦闷。因此,她主动来到心理咨询室要求咨询,希望帮助她解决她的困扰。

初次见来访者,给人的印象是有些内敛,脸上长满了青春痘,虽然身材高大,但是感觉"气势"较弱。在问到小朱因何感到困扰时,小朱说道:在班级里与同学关系不是很融洽,再加上刚升入初三,各种压力扑面而来,开学刚开始的模考不顺利,这次的单元考也不好,打击很大,心里很郁闷,主要问题就是不知道自己怎么了,有时候自己比较外向,但大多时候都比较沉稳,但同学却说她在"装",因为这事影响了自己的学习状态。

过往与现在的交错

面对小朱的这个问题,首先我认为是要让小朱能够充分表达自己的苦恼,因此第一次谈话非常重要。

在第一次咨询时，小朱刚开始一脸沮丧地说："老师，我最近感到压力很大……"

我说道："哦，你能具体说说吗，我很好奇。"

小朱继续说道："刚开学我们年级进行了一次模考，考得不好，这次的单元考也没考好，我不知道是哪里出了问题……"

我停顿了一下："那么你试着分析原因了吗？"

小朱想了一会儿："可能跟我最近的心情有关。"

我接着问道："嗯……你能具体说说吗？"

小朱说道："班级里同学总是针对我。选体育的中考项目时，我报了游泳，有个同学说：'你肯定考不及格。'这让我觉得很不舒服。"

接着我问起她人缘为什么不好的原因。小朱陈述说，在上小学的时候，自己感觉比较弱小、比较软弱，别人觉得自己比较好欺负，就总是欺负她。后来，渐渐地，在不断被欺负中明白，只有自己变得强势起来，才不会被别人欺负。有了这样的想法和行为之后，自己在小学被欺负的现象变少了。

三年前，小朱进入了初中，对同学的欺负采取了同样的做法。但也常常能够意识到自己容易被激惹，一点点小事就觉得非常生气。因此，在同学眼中，认为自己是一个冲动的暴躁的人。

但是，自打上了初三以后，小朱不喜欢之前的自己了，自己也不想再冲动暴躁下去，她想改变自己，于是自己开始尝试改变，因此对越来越多的事情都能够容忍；然而，这种改变并没有给她带来更好的人缘，并没有改变她在同学心中的印象，同学们认为她在"装"，进一步加深了同学们对她的不理解。

"我该何去何从?"

小朱说道:"我上了初三以后,感觉到了学业压力的增加,慢慢地自己的性子就变得比之前沉稳了些。"

我及时对她给予肯定:"这是好事啊,说明你已经做好了要改变的准备,并开始尝试。"

小朱陈述说:"现在班级里有好多同学来招惹我,叫我别装了,甚至变本加厉地向我挑衅。他们议论的多了,我也会疑惑,究竟哪个我才是真正的我;还是说,我变回从前,大家就都舒服了……"小朱现在感觉在班里没有一个知心朋友,找不到一个可以说真心话的人;即使有朋友,也总是别人的"备胎",只有她的朋友不理她了才来找自己。

小朱困惑的是,说"不知道自己究竟是怎样一种人",究竟自己该以何种状态呈现在他人面前,因此感到很矛盾很苦恼。

我继续引导说:"那你自己更喜欢哪个自己呢?"

小朱说道:"我喜欢现在的我,这样子让我自己踏实。"

接着,我对她进行进一步引导,作为正处于青春期的学生,开始逐步从外向内,逐渐探索自我,"我"跟别人有什么不同,"我"有价值和意义。然后对她进行肯定和鼓励,因为她已经比别的同学先一步思考关于自我的问题,说明她在成长。

接 纳 自 我

当小朱下一次来咨询的时候,情绪已经有很大的好转,也愿意进一步探索自我,了解更全面的自我。因此,我运用了"乔哈里窗"的活动。"乔哈里窗"被称为"自我意识的发现——反馈模型"。通过乔哈里窗,可以更加明确全面地认识自己,丰富自我内涵,改善自己的人际关系。小朱完成后,发现一个人竟然可以有这么多面,有愿意被别人看到的,也有一些只有自己知道的,她对自己的认识更深了一步,也打消了一个人只能有稳定一面这个错觉。在做完这个活动后,我给她布置了一个作业,让她回去找家人、老师和同学,对她进行评价,无论好的坏的,统统都填在这个表格中。

在下一次咨询时,重点跟她探讨了如何看待同学的评价。首先,向她讲述了他人评价的重要作用。他人评价属于"镜中自我",在我们还没形成稳定的自我评价时,需要通过他人评价来获得自我评价。在面对他人评价时,会出现三种态度:完全不在乎,过分在乎和客观对待,让她看自己属于哪种态度。她选择"过分在乎"这个选项后,我在旁边进行引导,其实我们需要开拓多种渠道来了解自己,并且对自己有独立的思考,不能轻易地受别人评价的影响。通过这个环节,进一步增进她的自我觉察,帮助她梳理清晰的自我定位,最终她认定自己就是要成为一个沉稳不冲动的人,不想再回到以前。最后送给她一些人际交往的小贴士,让她回去进行训练。

通过几次咨询,小朱的情绪变得稳定多了,她也看到了自己的问题所在。当她和同学相处时,她已经在尽力学习如何交往。最后一次来咨询时,她领来一位班级里的"朋友",告诉我这是她在班级里的好闺蜜,脸上露出了久违的微笑。

咨询师思考

1. 评估分析

在这个案例中,一开始来访者跟我讲她不知道自己究竟是哪一种人,到底用何种状态呈现在他人面前时,我就想到了关于"自我意识"和"自我同一性"的话题。正处在青春期的学生,有时会对自我产生迷茫,因为通过不断探索,发现了自己的多面性,甚至是人格的不稳定性;再加上以往从未遇到这种情况,所以会对自我产生一种疑惑,我是不是有问题,我要如何看待他人的评价等一系列问题。

小朱从最初别人认为的冲动暴躁小孩,到现今的沉稳冷静,这两种"自我形象"的改变,说明小朱正处于探索自我究竟是何种人、自己究竟以何种状态呈现在别人面前这件事。因此身边的同学们会发现她的不同。

根据以上分析,我觉得小朱的问题属于自我意识问题。

2. 辅导思路

根据当事人的情况,决定采取理性情绪疗法和认知疗法,具体辅导思路为:第一,主要采取共情、倾听等咨询技术,了解学生情况,建立咨访关系。同时,运用具体化技术,不断澄清问题,进行评估,共同制定咨询目标。通过与来访者进行沟通和了解,达成共识,咨询目标是:(1)能够正确评价自己,接纳自己,并正确看待他人的评价;(2)纠正认知偏差,减轻消极情绪;(3)学会人际交往技巧。第二,运用心理学知识,帮助来访者认识到探索"我是谁"是一种正常心理现象,帮助学生认识自我。在辅导的过程中,除了告诉她这是一种心理现象外,还进行自我暴露,表明对来访者的情感支持,促进了来访者的改变。

第三,运用"乔哈里窗"活动,帮助学生全面了解自己,丰富自我内涵;并进一步探讨如何正确看待同学的评价。

督导点评

埃里克森的人格发展理论认为,人的一生中会经历不同的阶段,每个阶段有其发展的特点,并面对相应的任务挑战,完成了这一阶段的任务之后,才会进入下一阶段的任务,如若无法解决或者没有完成某一阶段的任务,则会对人的一生产生不利的影响。

青少年正处在青春期,会经历自我同一性和角色混乱的冲突。在这一阶段,青少年需要不断地探索,尝试把与自己有关的各方面,例如自己的个性、优缺点等综合起来,弄清楚自己到底是谁,到底想要什么,到底适合做什么,进而形成一个自己决定的、协调一致的、不同于他人的自我。

本案例中小朱的问题是对自我的社会角色存在不确定感,过去的小朱是冲动暴躁的,现在的小朱是沉稳冷静的,小朱希望自己的这种改变能够赢得同学们的认可与喜爱。但是事与愿违,同学们并不接纳现在的小朱,仍然以老的眼光看她,不相信现在的小朱能够克制冲动和暴力了。这让小朱产生了困惑,不知道自己应该怎么做,未来的自己何去何从?心理老师通过咨询,帮助小朱认识到建立自我同一性的重要性,肯定了小朱想要变得更好的想法和做法。在此基础上,引导小朱正视自我,认识自身不足,摒弃不适合自己的部分,找到真正适合自己的生活和处事方式。案例陈述过程中,心理老师提到自己运用了"乔哈里窗"、理性情绪疗法、认知疗法等技术,但是没有具体描述,建议可以增加治疗技术运用过程的介绍,便于更多的老师学习借鉴。

点评人:吴俊琳

浦东教育发展研究院教师发展中心心理教研员、浦东新区心理健康教育专业委员会副主任、浦东新区心理学科带头人

迟到竟是自卑惹的祸

强丽君

华东师范大学心理学硕士、上海市中等职业学校德育教研中心组成员，擅长学习适应、职业规划、亲子关系等方面辅导。

迟到大王竟是她

那天，小方应邀走进我的办公室，我示意她搬个椅子坐在我的身边，她很听话地搬来椅子，却试图和我保持一定的距离，轻轻地坐下。她低着头，没有注视我。还没有等我开口，她就说道："老师，我错了，我不应该迟到的。""勇于承认错误是件好事，可我们更应该想办法解决问题，对不对啊？"我善意地答复道。她点点头，随即抬起头看看我，动了动

嘴唇,想说什么,又低下头去,一副欲言又止的样子。我把手轻轻地搭在她的肩膀上,弯下腰,使自己的眼睛和她的眼睛处于同一水平线,"你是不是已经想到解决问题的方法了? 那我们一起聊聊,交流一下,好不好?"

"老师,你这样累,你坐回椅子吧。"她抬起头,把椅子向我拉近了点,"老师,我不想迟到的,可准点上班就会在换衣室碰到那些不想见的人,听到那些不想听的话,她们很烦,真的很讨人厌。我知道我没人喜欢,我连自己都不喜欢自己……"终于小方开始述说她的故事。

小方是会展专业三年级的女生,由于学校高复班选拔考试没有通过,小方只好按照学校安排到某四星级酒店实习,担任会务工作。后因迟到问题被用人单位退回学校。学校实习处老师和班主任对小方进行了深刻的教育,她也有所反省。过完寒假之后,学校再次安排她到一家社会饭店实习,担任大堂接待工作。刚工作了两个星期,又因迟到四次、旷工一次受到了单位的严厉批评,第二次被退回了学校。

原来是自卑惹的祸

"老师,老天对我也太不公平了,我又丑学习成绩又不好,还生在一个那么贫穷的家庭里,爸妈一点本事也没有。不好的事都给我碰上了。"小方有些愤愤然,手握成了拳,语速也快了起来。

"那你……"我还没来得及说话,小方紧接着说:"我知道自己长得不漂亮,黑黑的,瘦瘦的,原本想着自己实习工资买点化妆品把自己打扮得漂亮一点,可是廉价的化妆品让我脸上过敏了。饭店里的小姐姐们一直嘲笑我,说的话也越来越难听。"

"一个人的美丽不仅仅体现在外貌上呀,你的能力、你的性格也能展现出别样的美丽。"我温柔地回答道。

"老师,你可别这么说,曾经我也这么认为,能力强、性格好自然也能和大家打成一片。"小方带着一种事实胜于雄辩的口吻继续说道:"我中职一年级进来的时候老师很关心我,同学相处也不错,可后来不知道什么原因,大概是我不和他们一起'吃喝玩乐',同学们不爱待见我了,说我整个人看上去就脏兮兮的,一无是处。你说我爸下岗在家,我妈就打零工,我哪来什么零用钱,我也觉得我自己挺无能的,明明我是文艺委员,可就主持了两次班会,剩下的节目主持老师都找了其他人,我开始渐渐地选择一个人独处,上课一个人,下课一个人,放学一个人……"说着说着,小方有些戚戚然了。

在和小方的交流中,我明显觉察到小方是一个自卑感很强的女孩。自卑在心理学上,指一种自我否定,主要是低估自己的能力,觉得自己各方面不如人,可以说这是一种性格的缺陷。主要表现在对自己的能力、品质评价过低,还会有一些特殊的情绪体现,如害羞、不安、内疚、忧郁、失望等。本案中的小方就常常感觉自己一无是处,人长得不漂亮,学习成绩不好,家庭条件不好,没有人喜欢自己。生活中不愿意交朋友,独来独往,对学习、实习都提不起精神。

家境的贫寒,父母间的吵架,母亲对小方的种种怀疑和猜测,让小方觉得世界对她很不公平,在外人面前从不提及自己的父母亲。进入中职校以后,小方原以为环境改变可以使她有一个崭新的开始,可是父母依然如故地严厉批评、班主任由晴变阴的冷处理、同学之间的漠不关心,让她更加感到是自己一无是处的缘故,对学习越来越提不起精神。而实习中复杂的人际关系更让小方产生了有种想赶快逃离的想法,小方在咨询中曾提及不见到他们就听不见他们说自己的不好,自己也就不用那么难过了。小方的"迟到"看似是违纪行为,背后却是为了摆脱自卑的一种方式。

经过对小方多方面的了解和分析之后,我认为小方的心理问题主要表现为自卑心理,其原因是在其成长经历和个性特点的基础上,由于缺乏自信和归因错误等认知因素造成自我评价过低,在"我是一个一无是处的人"的错误认知模式主导下,不能有效地应对学习生活和人际交往,采取了类似"迟到""逃避"等不正确的摆脱自卑的方式,使其错误认知和不良行为不断重复和强化,反过来又加剧了自卑情感。然而小方目前的心理和行为异常还没有达到较为严重的程度,还只是一般的心理问题。

在交流的过程中,我和小方商讨了咨询目标,要让她认清自己的不合理信念,学会正确评价自我,走出自卑心理,进而在日常生活中能适当运用积极的思维方式。同时建立起较为完善的家庭支持系统,进一步增强其自信心。

解铃还须系铃人

1. 进行认知重构,学会合理评价

小方平时在家庭、学校受到较多的负面评价,造成了自我意识低下,自卑感较严重,自信心缺乏。交谈中她经常流露出"我长得很难看""我学习成绩差""很懒、没有人喜欢"的想法,所以,重新构建认知结构,学会合理评价自我是这次心理辅导的重要环节。认知重构也是认知疗法的关键所在。

我首先引导她完成心理探索游戏《我的百宝箱》,试图让她自己寻找出自身优势。

小方一开始很排斥,"我哪有什么优势,全是劣势!难看!懒!家里没钱!"

我说:"好好想想,没有优点,怎么学校一开始就安排你进四星级酒店实习呢?"

"因为我英语还可以、计算机能力也不错啊。"她得意的笑容一闪而过,"除了这个,我好像没什么优点了"。她又半天愣在那里,说不下去了。

我问道:"在刚进我办公室的时候,你怎么说来着?"

"老师,我错了。"她疑惑地看着我,"怎么了?"

我说:"那说明两点,一是你很讲礼貌,二是你勇于承认错误呀。"

"这个也算啊,那我看见地上有果皮,我把它扔进垃圾桶也是我的优点喽。"她有些调侃地说。

"嗯,那当然算!"我很认真地回答她。

这使得她又陷入了沉思,开始继续寻找自己的闪光点。

2. 分享对比感悟,识别消极信念

我要求小方阅读一些自强不息人物的传记,关注身边同龄人的励志故事,摘抄名人名言,并分享感受,试图让她认识到世界上有很多像她一样家境贫寒的人,甚至比她还要不幸的人数不胜数,不要产生只有自己遭受到不公的悲观心理,而且有时候这种不幸可以变成激励自己成长的因素,只看自己如何来把握了。小方有时也会不时感慨道:"原来世上有那么多不幸的人啊。有些和我比起来,我还算幸运的呢。"

同时,我要求小方结合自己的实际情况和故事中的主人公进行对比,谈谈为何境遇差不多甚至更糟糕的人可以做得那么棒,而自己却如此悲观,从而帮助小方识别造成自卑的消极核心信念,如"我是一个一无是处的人""我家贫困所以怎么都不招人喜欢"等,识别出紧随消极核心信念之后产生的消极行为,如"对学习没信心,不喜欢与人交往、逃避实习"等,并建立积极的核心信念"我也是一个普通人,每个人都有优点和缺点""家境贫寒更能促使我努力进步"等。

3. 创设展示机会,体验成功喜悦

对于一个自卑的人而言,成功的喜悦是极其珍贵的。小方内心是极其渴望成功的,不管是作为一名学生还是一名实习生。因此,我特意安排了一次学习方法辅导讲座,邀请她作为该场讲座的特邀嘉宾,和学弟学妹分享她学习英语的经验。她受到邀请时,一脸的兴奋,"我行吗?我可以吗?""你可以的。"我坚定地鼓励道。为了这次活动,小方做了精心的准备,制作了生动形象的电子幻灯片和内容详实的讲义,还对着我模拟演讲了好几遍。当天会上,她面对同学的提问,落落大方,一一解答。"学姐,你的英语真棒!我要向你学习!""学姐,你的联系方式是什么啊?我还有很多问题要问你。"……那天她很自信地告诉我:"老师,我能行!"

4. 布置行为任务,进行行为矫正

当我问及小方迟到之后会有什么结果的时候,小方只是吐吐舌头"老妈又要烦了!"她根本没有意识到自己的迟到行为会给实习单位带来怎样严重的后果,会给安排她实习的学校有什么坏的影响,她的感受无非是又要听到妈妈的教训了。因此,我安排她到心理阅览室值班。由于两次实习被退回学校之后,学校暂时未安排她外出实习,我就要求她天天到心理阅览室来值班。中午准时开门、学生来访登记、整理书籍、关门这些事情都由她负责。刚开始的时候,她总是要求我提醒她值班时间;后来她自己会在手机上调试3次闹铃,前一天晚上、当天早上和值班前一个小时;再后来她都会提前15分钟到达阅览室。我问她为啥要提前来,她笑笑说"我早点来,好开开窗呀,让房间的空气好一点,同学来看书也舒服啊。"

任务创设使她产生了情感体验,感化自我责任心,感知具有一颗责任心所带来的成功喜悦,从而促使她责任心的生成和自我责任心的良性循环。

5. 提倡亲子共谈,建立家庭支持

对自己为人处世原则影响最大的是父母等长辈,家庭对每个人的成长都很重要。遗憾的是,小方父母不合理的管教方式使得小方更加自卑。因此,我希望通过和小方以及小方母亲的交流能建立起小方的家庭支持系统。

在征得小方和小方母亲的同意下,我首先分别和小方、小方母亲进行了交谈。在和小方母亲交谈时,我让母亲谈谈她对女儿的感受,宣泄下不合理的情绪,同时教会母亲一些亲子沟通技巧,建议给予孩子充分的尊重,学会欣赏孩子的优点。在和小方交谈时,我让小方说说哪些事能体会到父母的爱,而哪些又是她认为父母做的不恰当的地方。最后让小方和小方母亲一起分别给对方"点赞",并用"如果你可以……,我会更爱你"的方式向对方提建议,以拥抱表示接纳。

"妈妈爱我"

过了一段时间,小方告诉我,现在妈妈对她的态度好多了,会抽出时间来,坐下和她认真地聊聊,谈谈她关心的话题,与她一起感受成长中遇到的烦恼。

我问她:"那你觉得妈妈爱你吗?"

小方似乎是想起了之前自己对妈妈的评价,有些不好意思地说:"妈妈爱我,其实她一直都爱我。"

经过一系列的辅导,现在的小方在心理阅览室值班得有滋有味,虽然还没有被学校安排外出实习,但她的心境已经大不相同了,自信的笑容常常挂在脸上,责任心也强多了。

咨询师思考

第一,要对自卑学生防患于未然。小方因为相貌、学业、家庭等原因而感到自卑,其实在中职校中有相当一部分学生也是如此。九年义务教育结束后没有被高中录取,他们有的自卑情绪严重,缺乏追求成功的勇气;有的畏惧课堂学习,把上课学习视同迫于无奈的"劳役";有的生活目标迷失,认识混沌,几乎对什么都不感兴趣,对待一切均取"混"的态度;就业后总觉得领导和老员工看不起自己,产生逃避思想。缺乏自信心已成为制约中职生自身成长的主要瓶颈之一。作为我,不仅要积极处理前来咨询的学生,也需要把重新树立自信,勇于面对困难作为中职生健康心理品质培养的重要方面。

第二,要恰如其分地使他们看到自身的长处。自卑的人一般比较敏感脆弱,经不起挫折的打击。像小方起初前来咨询的时候,行为举止就透露出她的不安和彷徨,咨询过程中回答问题也比较消极。我面对这样的学生前来咨询,不仅要帮助其如实地看到自身的不足,更为重要的是使他们恰如其分地看到自身的长处,尤其是最为贴近当时状态的优点长处。我帮助小方找到的第一个优点就是根据当时来访者的行为得出的讲礼貌,让来访者感到很真实,这有助于咨询的推进。同时要创设机会让学生体验成功,帮助学生回忆因自己努力而成功了的事或合理想象将要取得的成功,从而提高自卑学生的自信心。

督导点评

有经验的学校心理辅导老师会发现,青少年的心理辅导需求最初往往是模糊和隐秘的。他们或者对自己的心理困惑缺少敏感的觉察,或者对心理辅导心存疑虑,而通过身体不适、言行违纪、学业不良、关系危机等方式进行曲折的表达。强丽君老师在面对小方同学的"迟到"问题时,不是停留在问题的表面,而是尝试挖掘行为背后的需求,对其意义进行解读——"小方的'迟到'看似是违纪行为,背后却是为了摆脱自卑的一种方式",并通过认知重建、行为作业、沟通辅导等策略最终促成了小方由内而外的调整与改变。她的工作区别于以行为规范为主要目标的传统思想教育,体现了个别心理辅导工作的专业性,取得了很好的辅导效果。

纵观整个辅导过程,强丽君老师的辅导主要运用了认知行为疗法的理念与技术,成功之处主要体现在以下几个方面:

1. 挖掘资源,聚焦当下

认知行为疗法虽然会了解来访者的成长史,但是却更加强调当下正在发生什么。对于一个家境贫困、父母失和、学业平常的孩子来说,要让她重建自信是有难度的,以至于她在最初完成"我的百宝箱"活动时多有排斥;而强老师没有放弃,她继续加以追问和启发,并根据现场的观察提炼了"讲礼貌""勇于承认错误"两个积极品质,聚焦当下的示范充满信服力,启动了小方更积极的自我评价。在整个过程中,强老师挖掘和运用当下资源的反应周期极其快速,是日常辅导经验功力积累的自然显现。

2. **注重体验,知行并举**

不同于其他主要以室内互动为中心的疗法,认知行为疗法非常注重来访者在日常生活中践行的力量。对于青少年来说,把辅导中学到的技巧用到日常生活中,有着巩固积极信念、强化积极情绪、促成知—情—意良性循环的重要意义。强老师首先为小方创设了展示英语学习能力的机会,让她有体验成功喜悦的机会;又以心理阅览室值班为契机,让小方在循序渐进的练习中生发了与积极自我信念密切相关的责任意识。在自我评价提升的过程中,"迟到"行为自然消退。值得一提的是,在辅导室之外给予活动安排和指导,可能突破了传统的咨询设置,但在"来访者福祉为最高原则"的伦理考量中,学校心理辅导老师的这些努力是可以被接受的。

本案可商榷之处,主要在于核心信念的挖掘和咨询过程的结构化方面。

点评人:罗吾民

复旦大学第二附属学校专职心理教师、上海市首届学校心理健康教育吴增强名师工作室学员,先后任崇明区、虹口区心理学科骨干

绽放笑容，可爱的女孩

杨 蕾

国家二级心理咨询师、上海市学校心理咨询师，擅长学生情绪辅导、考前焦虑疏导、人际关系及家庭亲子关系等咨询。

自卑畏怯的心理使得自己缺乏竞争勇气，缺乏自信心，一旦受到了挫折，更加缺乏心理上的承受能力，总觉得自己不具备和他人竞争的条件，确实不行。在激烈的竞争中，这种心理障碍是走向成功的大敌。本案中的小旸是个很腼腆的小女生，性格内向，不爱说话。朋友很少，在老师面前不苟言笑，上课从不主动举手发言,老师提问时总是低头回答,声音小得几乎像蚊子声。脸上始终没有笑容,相当漠然。学习成绩中等偏下,一提做作业就没精神,特别是对待英语和语文学科的学习,更没有主动性,所以这两门学科的成绩在班级属于差的行列里,这导致了她对学习的自信心越来越低,作为班主任又是学校的心理老师,我该如何帮助她增强自信心,走出这个阴影呢?

"我就是不想做英语作业"

"杨老师,你们班小旸这次英语测验又是不及格,刚才批评了她几句,她竟然发脾气把课堂作业本扔到我面前,这孩子今后还怎么教?"一下课,我们班的英语老师气呼呼地对我发了一顿牢骚。看到这么生气的英语老师,我来不及安慰她马上去了教室,果然不出所料,小旸在座位上哭,看到我进来,丝毫没有缓和的意思,只是倔强地扭着头流着眼泪。我走过去,摸了摸她的头,递给她一张纸巾,轻声地跟她说:"来,先擦擦眼泪","我就不想做英语作业!就不想!"小旸委屈地说。"好,今天就听你的,我们先不做,现在去盥洗室洗个脸,我们好好聊聊",我回应着她。

不一会,小旸跟我来到了心理辅导室,用了一节课的时间,我们聊了很多。一直以来,我知道她性格内向,在他人面前不苟言笑,学习习惯不好,上课听讲不认真,易走神,课后的预习、复习又不按照老师要求做,作业经常不能及时、认真地完成,日积月累,学习成绩也就越来越不理想,特别是英语已经多次考试或测验不及格。小旸告诉我,考试对她来说,一次比一次害怕,一次比一次考得差,既然这样,也没有回转的可能,所以就放弃吧……

过度信任的家庭教育

一次机会,我约来了小旸的父亲,决定从家庭教育入手,好好了解一些孩子背后的问题,小旸的父亲非常时尚,始终戴着耳机听着音乐跟我交流。在回答我的一些家庭基本问题时也是漫不经心地敷衍着我,当我告诉他最近孩子在学校的表现,询问他是否知道孩子的学习情况时,他终于脱下了耳机,脸色也略微凝重。小旸在家里是独生女,爸爸妈妈对待她的学习要求不高,因为和老人居住在一起,平时也比较受宠爱,孩子渐渐养成了任性的坏毛病。父母平时很少督促她学习,认为学习主要靠自己,不需要大人的督促,他们几乎都忙于自己的工作和娱乐。父母平时的消极言行也影响着孩子对事物的判断,孩子缺少学习上的关心和帮助,遇到困难更得不到有力的指导,孩子一人承受过重的压力,便使孩子形成自卑心理,怀疑自己,否定自己,不安、孤独、离群等情感问题随之而来。

帮助建立自信

有了对小旸深入的了解之后,我意识到首先要帮助孩子正确认识自己,正因为小旸对自己没有正确的认识,由于成绩差,所以对自己的评价太低,以为所有的人都不喜欢自己,心里感到孤独,缺乏自信。孩子对自己的评价太低或太高都是很危险的。怎样才能帮助孩子正确认识自己呢? 于是我和小旸又进行了一次谈心。

我问:"小旸,你喜欢杨老师吗?"

小旸:"喜欢。"

我接着问:"为什么?"

小旸:"因为老师很有耐心。"

我说:"其实老师非常想帮助你,也很喜欢你,我们一起加油好吗?"

小旸点点头没有说话。

向她表示信任和喜欢,告诉她老师不会因为她的学习成绩差就不喜欢她,老师非常愿意帮助她。在接下来的谈话中,我把小旸的优点罗列一下,让孩子看到原来自己并不是一无是处的。

我说:"小旸,数学老师向我介绍,你的数学特别优秀,你很喜欢数学对吗?"

小旸:"是的。"

我接着说:"那说明你很聪明,只要你有兴趣,你的努力就能看到成绩,对吗?"

小旸点点头。

我又说:"在班里,你还是个热情的孩子,经常帮助别人,对不对?"

小旸又点点头。

我说:"喜欢帮助同学,说明你心地非常善良,还有强烈的班级荣誉感,这多好啊!"

小旸嘴角扬起了一丝微笑。

我补充:"这些都是你的优点,也是非常珍贵的品质!要好好保持下去好吗?"

信任教育唤起信心

教育学理论告诉我们,每个学生都是有进步要求的,都希望别人认为自己是一个好学生。有这样一句话:"如果一个孩子生活在鼓励中,他就学会了自信;如果一个孩子生活在认可之中,他就学会了自爱。"为了去除小旸的畏惧心理,我在课余经常有意无意地找她闲谈,让她帮我送作业、发作业本,平时从不公开点名批评她,发现她有所进步及时表扬,经常在全班说:"小旸今天作业做得非常认真,小旸今天上课非常认真!""小旸同学回答问题很正确。"渐渐地,小旸开始喜欢和我接近了,信任我了。有一次,我在办公室里批作业,她主动来找我谈心,说不愿意再参加英语和语文的课后答疑,希望我能和任课老师沟通一下,我问她:"小旸,不答疑,你回家自己又不愿意复习预习,这样成绩不是更加糟糕了吗?在学校里老师帮你多好啊。"只见小旸低着头轻轻地说:"我想自己回家复习,老师,我自己可以的。"望着小旸坚定而又充满着期待的眼神,我终于做了退让,同意了她的想法。但是我告诉她,老师很信任你,那你更要端正学习态度,认真对待回家作业,做好复习预习。听完了我的话,小旸很用力地点点头,我相信她一定能做到的。

家校沟通促进自信

小旸自信心缺失,很大一部分原因在于家庭的教育环境与方式。因此,我与家长沟通,详细地分析了小旸在校的表现及原因,共同商量解决孩子不良心理状况的办法,建议家长选择适当的教育方式,要为孩子提供表现自己的机会。比如家里让孩子在家做力所能及的事,不管干什么,都要从中发现孩子进步的地方,肯定她的努力,让小旸从他人的肯定中增强自信。学习上父母改变以往不管不问,过于放任的方式,采用多关心、多督促的方式,多陪伴孩子,每天负责帮她默写背诵。

另外,集体的力量是无穷的,我在改正她学习习惯的同时,还注意发挥集体和伙伴的作用,通过同学们的关心与督促,及时提醒她认真完成作业。首先为她营造一个平等友爱的学习环境。我安排一个外向、活泼、乐于助人的小组长做她的好朋友。这样当她有困难时,好朋友能热情地帮助她,帮助她恢复对自己的信心。同时,也能让小旸在与同桌交往的过程中懂得热情帮助人是赢得同学喜爱的首要条件。我希望这样潜移默化的过程能形成帮助小旸的良好人际交往环境。

咨询师思考

通过师生、家长的共同努力,小旸现在有了很大的变化。尤其英语成绩有了明显的提高,已经从以前的不及格飞跃到了70分以上,小旸的学习状态也变好了,上课专心听讲,举手发言且声音响亮,下课能主动与同学交往、做游戏,愿意参加各种活动,与班级、同学融为一体。家长也反映小旸在家学习主动,乐于把班级的事讲给父母听,主动帮家长做些家务。最重要的是,她的笑容开始多了,这是我最替她高兴的。

缺乏自信,会产生自卑。所以不管自己有再多的不好之处,都不应该对自己失去信心,相信自己:我能行。只要对自己一直充满信心,就不会感到自卑。对于那些自信心不足的人,我们要给予更多的关爱和信任,让她们感到:"我能行。"五年级的学生,他们更需要老师的信任与鼓励,面对小旸的成功,让我更加认识到信任的激励作用、集体的力量。因而,针对类似小旸这样的学生要循循善诱,不可操之过急,老师不要把注意力集中在孩子的不良表现上,要更多地关注孩子的优点和特长,使之一步步放开自己心绪,正确地评价自己,将自己融入集体中,一点点感受大家给她的善意,通过多元评价、活动参与,使其自信自强。

督导点评

小旸的个案没有任何心理问题的诊断,是一个典型的发展性心理辅导的个案。小旸的情况也非常常见:学习习惯不好、不自信、任性等,像小旸这样的家庭也很多见,父母不太管教自己的孩子,只是顾着自己休闲,把教育子女的任务丢给祖辈,父母自己的教养方式可能比较简单,这样的家庭环境给孩子的成长带来一定负面的影响。

这个案例中如下一些方面值得我们学习和借鉴:

第一,咨询师的耐心和信任帮助咨询师和来访者建立了良好的咨访关系,这是个案取得成效很重要的原因。在小旸提出不想做作业,提出不想参加答疑,自己回家复习的做法时,咨询师并没有过多的强求,而是给予孩子信任,这让他们两人建立了很好的关系。对于小学阶段的孩子来说,孩子对老师的信任和依赖,是咨询起效的很重要因素。

第二,咨询师的鼓励和对集体力量的借助。在发展性心理问题的辅导中,杨老师耐心地倾听、共情、鼓励和支持,让学生产生了改变的动力,自己自觉地发生了改变。

第三,与家庭合作。在低年龄孩子的辅导中,与家长合作,取得家长的配合是非常重要且有效的做法,咨询师联系家长,并且非常具体地给予家长家庭教育方面改变的策略,比如,建议家长让孩子在家做力所能及的事,不管干什么,都要从中发现进步的地方,肯定她的努力,让小旸从他人的肯定中增强自信。这种具体的建议对于家长与学校一起合作帮助小旸的改变是有帮助的。

如下一些问题需要同行们一起思考:

学校心理辅导的边界有时很难分清,本个案的咨询师既是班主任,又是心理辅导老师,在规范的咨询设置中,我们不鼓励咨询师有双重身份,但在咨询伦理中,王智弘老师建议说:"以来访者的福祉为最高原则,如果这个关系有利于来访者的改变,可以保留这个关系。"

"班主任"这一身份的优势,让本个案的咨询师可以借助一些班级辅导、家校沟通、集体力量等方式为来访者提供帮助,现阶段咨询师的双重身份是有利于来访者的福祉的,可以保留这样的关系。同时,也建议咨询师时刻有咨询伦理的意识,当双重身份不再有利于来访者的福祉时,就需要及时做出身份的改变或者转介等处理。

在本个案中,我们发现,中小学系统中的心理辅导要做到完全规范的心理咨询设置是比较困难的,双重身份是把双刃剑,需要当事人自己很好地把握和处理,期待同行们更有创造力的工作。

点评人:沈闻佳

华东师范大学第一附属中学心理组组长、虹口区心理骨干教师、华东师范大学心理与认知科学学院临床心理学硕士

图书在版编目(CIP)数据

清风徐来：来自"徐老师"的心理辅导案例集 / 杜俭主编 .— 上海：上海社会科学院出版社，2022
ISBN 978-7-5520-3464-6

Ⅰ.①清… Ⅱ.①杜… Ⅲ.①中小学生—心理辅导—案例 Ⅳ.①G444

中国版本图书馆 CIP 数据核字(2021)第 224028 号

清风徐来：来自"徐老师"的心理辅导案例集

主　　编：杜　俭
责任编辑：杜颖颖
封面设计：黄婧昉
出版发行：上海社会科学院出版社
　　　　　上海顺昌路 622 号　邮编 200025
　　　　　电话总机 021－63315947　销售热线 021－53063735
　　　　　http://www.sassp.cn　E-mail:sassp@sassp.cn
照　　排：南京理工出版信息技术有限公司
印　　刷：上海景条印刷有限公司
开　　本：890 毫米×1240 毫米　1/32
印　　张：8.125
字　　数：180 千
版　　次：2022 年 9 月第 1 版　2022 年 9 月第 1 次印刷

ISBN 978-7-5520-3464-6/G·1133　　　　　　　　　定价:39.80 元

版权所有　翻印必究